# 「新聞記者」という欺《ぎ》瞞《まん》

「国民の代表」発言の意味をあらためて問う

ジャーナリスト
安積明子

# はじめに ～メディアの責任とは

「劇場政治」という言葉が小泉政権時によく使われた。小泉純一郎元首相は２００５年の郵政民営化選挙で勝利した典型的なポピュリズム政治家だ。自民党の守旧派を仮想敵とし、「自民党をぶっ壊す」というスローガンによって人々を熱狂させ、終身雇用などこれまで日本経済の基礎となり、発展の源泉となってきた制度をぶち壊した。

当時、なぜあれほど誰もが小泉イズムに熱狂したのだろうか。郵政民営化さえすれば、明るい将来が拓けると本気で信じていた人は確かにいたのだ。あるいは「自民党」という旧態化した存在が、日本の発展の足かせに見えたのかもしれない。しかしそれらを打破するだけで日本全体が良くなると思うのは早計すぎる。だが「小泉劇場」は国民にそんな幻想を抱かせるだけの魅力を発信していたのだ。

いつの世でも大衆は「パンとサーカス」を求めるものだが、これは一種のサーカスといえた。いや、正しくは公開処刑かもしれない。前近代まで行われていた（そして現在でも一部の野蛮な国や地域では実施されている）公開処刑は権力側にとって「見せしめ」であったが、大衆にとっては「娯楽の提供」という意味もあった。人々は犠牲者をいたぶることでそのストレスを発散し、日常生活の不満を忘れようとした。

その構図は現在でも見ることができる。そして有名人がターゲットとなる。最も的にしやすいのは、権力を握る政治家だ。

もっとも、政治家を批判できることは民主主義の原則だ。彼らは国民の代わりに権力を行使するのであって、私腹を肥やすために政治を行っているわけではない。

しかしやみくもな批判はどうなのか。批判のための批判はどうなのか。2019年2月に起こった「望月衣塑子《もちづきいそこ》記者騒動」で、大手メディアの傲《おご》りを強く感じた。彼らが声を大にして叫ぶ「報道の自由」の外側に、多くの国民が放置されていたからだ。彼らは国民のための報道機関ではなかったのか。

メディアには事実を伝える義務がある。しかしそれが権力者にとって不都合なものである場合は、その事実を得ることは難しい。そこでメディアは権力側と対立すると同時に、交渉もしてきた。ある時はそのために団結もした。いまは悪名高き「記者クラブ」も、当初は個々のメディアが巨大な政治権力と対峙《たいじ》するために結成されたものだが、いつの間にか、既存メディアはその特権的待遇に甘え、本来の役割を忘れてしまったようにしか思えない。

だからといって、ただやみくもに反権力になればいいというわけではない。メディアは権力が間違った方向に走った場合にそれを是正すればいいわけであって、何がなんでも反権力に走る必要もない。

単なる反権力になることは簡単だ。そこには思考も哲学も、向上心も必要ではない。権力への単なる憎悪と大衆への下劣な媚《こ》び、そして「自分たちこそオピニオンを担い、人々を率いるリーダーである」という薄っぺらいプライドと安っぽい満足感しか存在しない。**むしろ常に反権力になることは、民主主義に害をもたらしかねないといえる。**「権力に対峙したふり」さえすればメディアの役割を果たしているというように思考力のかけらもなく思い込んでいるのなら、そのメディアはもう民主主義の担い手としての役割を返上すべきだろう。

権力は使い方次第で恐ろしいものとなるが、必ずしも悪い結果ばかりをもたらすものではない。またこれは外交でしばしば見られるものだが、最悪の結果を避けるために、比較的ましな方法を求めることがある。

もし権力をやみくもに批判するだけなら、そこからは何も生まれない。また小さな悪にこだわるあまり、巨悪を見逃してしまうこともあるだろう。

さて21世紀も5分の1が過ぎ、元号も平成から令和に替わった。新しい時代を迎えたにもかかわらず、とてつもない危機感が日本の政治に漂っている。成長を前提に未来を描けず、将来に対する国民の不安は消えない。急速に変化する国際社会に日本の外交は追い付かず、かつて日本列島を外敵から守り、豊かな資源を恵んでくれた〝我々の海〟は、いまや近隣諸国から虎視眈々《こしたんたん》と狙われている。

メディアにはその危機を正確に伝える職責がある。決してやってはならないのは、そうした外敵の思惑にのっかって、日本と日本人を貶《おとし》めることだ。

とりわけ大手メディアのネームバリューをもって「市民の味方」を装い、むやみに権力に攻撃をしかけるなどはもってのほか。その姿はあたかも、がん細胞が体内で猛烈に増殖し、正常な細胞を壊していく様子とそっくりだ。しかも〝がん細胞〟自身ががん細胞である自覚がないからなおさら厄介だ。

そうしたメディアの欺瞞《ぎまん》が国民の知る権利を侵害しかねないことに警鐘《けいしょう》を鳴らそうと思ったことが、本書を書くきっかけだ。権力に対峙することだけでみずから「正義の味方」を任ずるメディアを信用してはならない。そして本物を装うニセモノに騙《だま》されてはいけない。

## 目次

第2章

# 報道を装った反日・反権力のその中身……77

## 第3章 『新聞記者』はプロパガンダ映画だ……135

# 第4章 「報道の自由」を騙《かた》る反日・反権力の新聞労連

# 第1章

# 記者会見の現場で起こっていること

## フリーランスが官房長官会見に参加するためには

平日の午前と午後に首相官邸で開催される官房長官定例会見。官房長官は内閣のスポークスマンとして政府の見解を伝える役割を果たしている。よって官房長官会見は内閣の中で最も重要な会見といえる一方、官邸で行われるためにセキュリティチェックが非常に厳しく、ほとんど内閣記者会所属社の記者しか参加できないのが実情だ。

もちろん我々のようなフリーランスも官房長官会見に参加できないわけではないが、参加要件は極めて厳しい。また要件を満たしたとしても、内閣記者会所属記者らと同等に参加できるわけではない。

ではフリーランスはどのようにして、官房長官会見に参加しているのか。

官房長官会見は「内閣記者会主催」ということになっているため、会見参加には内閣記者会による承諾が必要になる。そこで同記者会加盟社による推薦状が求められる。要するに「身元保証」というわけだ。

しかしこれだけでフリーランスが、内閣記者会加盟社の記者と同様に、自由に会見に参加できるわけではない。フリーランスが参加できる会見は、金曜日の午後の官房長官による定例会見に限定されている。もし金曜日午後に官房長官会見が行われなければ参加できないし、たとえ官邸側の都合であっても、官房長官ではなく副官房長官会見に変更されると参加できない。

また「定例会見」ではなく「臨時会見」と名称が変われば、参加できなくなる。ちなみに名称が変わったとしても、その内容は変わらない。開放されているはずの金曜日午後の官房長官会見の直前に臨時閣議が入れば、その後の会見の名称は「臨時会見」に変更される。単に形式的な問題にすぎないのだが、この制約は非常に大きい。

さらに参加のためには、毎回前日午後６時までに、「参加申込書」を官邸報道室に送らなければならない。そこには氏名や連絡先などの他、過去３か月にわたって㈳日本専門新聞協会、㈳日本雑誌協会、日本インターネット報道協会、㈳日本新聞協会の加盟社が発行する媒体に署名原稿を出していることを記載しなくてはならないのだ。

これらを整理すると、官房長官会見に参加するには次の要件を満たさなければならないということになる。

## ① 内閣記者会加盟社による推薦状を提出（最初の一度だけでよい）

**②会見前日午後6時までに申込書を官邸報道室に送付する**

**③過去3か月にわたって内閣記者会加盟社が発刊している媒体への署名による寄稿を実績として記載する**

**④参加できるのは金曜日午後に開催される「官房長官による定例会見」に限定される**

以上のうち、①と②と③は本人が努力すればなんとかなるだろう。しかし④だけはどうしようもない。いきなり参加が拒まれることがあるわけだ。たとえば2019年12月13日には、次のようなことが発生している。

## いきなり参加不可になる「臨時会見」への変更

2019年も年の瀬を迎えたこの日の午後1時過ぎ、永田町に向かおうとしていた筆者の携帯に官邸報道室から電話がかかってきた。表示された電話番号を見てなんとなく嫌な予感がしたが、それは的中した。

「本日午後の会見は臨時閣議の後の会見で、定例会見ではなく臨時会見となります。よってフリーランスの方はご参加いただけません」

こうしたことは初めてではない。しかしこの時ばかりは諦めきれない事情があった。是非とも質問したい問題があったからだ。

その前日である12月12日に発売された『週刊文春』が、「安倍首相補佐官と美人官僚が山中ノーベル賞教授を〝恫喝《どうかつ》〟した京都不倫出張」をトップ記事として報じたのだ。この「安倍首相補佐官」とは、菅義偉《すがよしひで》官房長官の右腕として知られる和泉洋人《いずみひろと》総理補佐官を指す。記事によると、健康・医療に関する成長戦略並びに科学技術イノベーション政策担当として内閣官房健康・医療戦略室長を務める和泉補佐官は2019年8月9日、同室次長を務める大坪寛子厚生労働省大臣官房審議官とともに京都に赴き、京都大学iPS細胞研究所の山中伸弥所長と面会。大坪審議官が山中教授を「私の一存でどうにでもなる」と恫喝し、研究予算の打ち切りを宣言したという。

2人はその後、仲良く京都観光を満喫。縁結びで有名な貴船《きふね》神社に参拝したり、和泉補佐官が自分のスプーンで大坪審議官にかき氷を差し出し、それに大坪審議官が体を乗り出して喰いついている写真も掲載された。その他、手をつないで銀座を歩く写真や、仲良く蕎麦屋でワインを楽しむ写真もあった。

これが単なる個人的な不倫スキャンダルならば、わざわざ官房長官会見で質問する必要はないが、この問題はそうではない。実はとんでもない問題を孕《はら》んでいた。

## 単なる不倫スキャンダルではないその背景

週刊文春がこの件を報じる少し前だが、情報誌の『選択』2019年12月号が「危ない『再生医療』が蔓延《はびこ》る日本」という記事を掲載した。

その内容は第200回臨時国会で成立した「改正医薬品医療機器等法」などにより、日本では再生治療の治験が非常に容易になっており、危険性を孕んでいる現状について『ネイチャー』誌をはじめとして外国から批判が出ている点を紹介。そして「日本では、国民の健康よりも製薬ベンチャーの都合が優先されている。なぜ、こんな滅茶苦茶がまかり通るのだろうか。それは安倍政権で一部の側近に権力が集中し、まっとうな議論ができなくなっているからだ」と結論付けた。

さらに同記事は、和泉補佐官と大坪審議官の〝京都旅行〟の裏には、iPS細胞の臨床応用に慎重な山中教授とそれを自由化してビジネスに繋ぎたい医薬業界の対立があると指摘。要するに山中教授に圧力をかけるため、大坪審議官は「iPS細胞の研究には10年間で1000億円以上の補助金が支給されることになっているが、そんなものは私の一存でどうにでもなる」と啖呵《たんか》を切ったというのだ。

同補助金は2012年に政権復帰した安倍晋三首相の肝入りといえるものだが、2022年度で終了する予定だ。現在でも研究スタッフの9割が非正規雇用である山中教授のiPS細胞研究所にとって、補助金の打ち切りはまさに死活問題といえるものだ。

そしてこの問題は以前から業界では噂になっていたようだ。すでに医薬経済社が有料会員向けに配信した『薬経バイオ』2019年8月29日号で、同趣旨の問題が報道されていた。

このようなことは本当なのか。和泉補佐官の上司である菅長官は把握していたのか。

## 世界がトップクラスと認める医療を潰すのか

日本の医療水準は極めて高い。世界的な権威を持つ医学雑誌『The Lancet』は2017年9月に日本の医療品質レベルは世界一流で、195か国の中で11位と報じている。とりわけ注目すべきは「先進的な医療整備や科学技術のレベルの高さ」が評価されている点だ。臨床医療や再生医療などの分野では世界トップクラスという。

さらに日本を訪問する外国人数は２０１１年の６２１万８７５２人から２０１８年には３１１９万１８５６人と5倍以上も増大し（日本政府観光局の統計）、高水準の医療サービスを求めて国内医療機関で受診する外国人数も増えている。

こうしたことから政府は外国人が安心・安全に日本の医療サービスを受けられるように、「外国人患者受入れ医療機関認定制度」や「医療機関における外国人患者受入れ環境整備事業」などを立ち上げているが、注目すべきはその経済効果だ。２０２０年には市場規模が５５００億円、経済波及効果が２８００億円と見込まれている。

ならば日本にとって強味となる最先端で高水準の医療を国家的に保護し、推進していくのは国策にも適うものだ。にもかかわらず、いきなり大坪審議官がｉＰＳ細胞ストック事業の予算打ち切りを通告したのはなぜなのか――。

こうした点について是非、和泉補佐官の上司であり、内閣を束ねる菅長官の見解を聞きたいと思った筆者だったが、残念ながら質問することは叶わなかった。質問には〝賞味期限〟があるからだ。やむをえないので、他の記者たちの質問に期待を寄せた。筆者と同じ観点に立った質問が出てくれることを祈りつつ……。

## 和泉補佐官問題で、記者たちはどのように追及したのか

では他の記者たちが週刊文春の発売日である12月12日と翌13日の官房長官の会見で、どれだけの追及ができたのかを見てみよう。

**【2019年12月12日午前の官房長官会見】**

**記者**「フジテレビの千田です。和泉補佐官についてお伺いします。週刊誌で和泉補佐官が公費を使った出張での公私混同が指摘されております。その認識と、長官自ら和泉補佐官に説明を求めたのでしょうか」

**長官**「和泉補佐官からは今回の出張は公務として出張手続きをとった上で出張しており、午後の京都市内での移動は私費で支払っており、適切に対応しているというふうに聞いております。私自身からは報道の後、和泉補佐官に対して報告を求めました」

**記者**「長官自身としては、問題はないということでしょうか」

**長官**「報告を求めた結果、公私はしっかりと分けていたということでした」

これでは『週刊文春』の記事をさらっと読んだ人の質問にすぎない。あるいは記者が問題点をいまいち把握していないのかもしれない。ただ菅長官の右腕である和泉補佐官の不倫スキャンダルが報じられたことについての確認と、これについての官邸の反応についてのみ質問している。だがこれが、午後の会見ではやや具体的な追及になっていく。

**【2019年12月12日午後の官房長官会見】**

**記者**「和泉補佐官に関連してお伺いします。和泉補佐官は特別職のお立場ですけれど、出張先の行動については自己裁量で自由になるものなんでしょうか」

**長官**「午前中にも申し上げましたように和泉補佐官からは今回の出張は公務として必要な手続きを取った上で、出張しているということです。そして午後の京都市内での移動は私費で払っており適切に対応している。そのように報告を受けています」

**記者**「いま長官がおっしゃったように、京都市内の移動はハイヤーを使われたようですが、公務を降りた段階で精算を別にしていると、そういうことなんでしょうか」

**長官**「報道で指摘がありましたハイヤーの使用については、和泉補佐官からは全て私費で支払っており、適切に対応している。このようなことでした」

質問したのは朝日新聞の安倍龍太郎記者だ。若手ながら鋭い質問と追及力で知られている。安倍記者は官房長官会見を配信しているニコニコ動画のユーザーから、〝ビーチ〟と渾名《あだな》が付けられた。安倍記者の風貌が前川喜平《きへい》元文科省事務次官に似ているため、前川氏が「女子の貧困調査」のために通っていた出会い系バーの店名『ラブオンザビーチ』にちなんだものだ。

もっとも本人は自分が前川元次官に似ている点は認識していたものの、渾名《あだな》についてはまったく気付いていなかった。そこである時、会見前に教えてあげたら、けっこう嬉しそうな様子だった。安倍記者は真面目な反面、お茶目な印象も強い。変化球を投げて菅長官の反応を見ているような時もある。

さて安倍記者の質問は、和泉補佐官の京都出張が公務に乗じた私的旅行ではなかったのかという前提がある。和泉補佐官が時間単位で契約するハイヤーを使っていたことに注目し、公務で使用したついでに私的にも流用したのではないかと聞いている。

しかしそれだけでは事実に迫るものではない。週刊文春の記事によると、山中教授は8月2日に官邸に出向いて和泉補佐官にiPS細胞備蓄計画について理解を求め、補助金を削減しないように求めている。だが和泉補佐官はこの時はいったん了承したものの、具体的な返答をせず、大坪審議官に答えさせるべく、その1週間後に2人で京都に向かっているのだ。

また週刊文春はこの時のことを知る文科省関係者からの言葉として、「和泉氏側から『休暇をとって京都へ行くので文科省の人間は同行しなくていい』と連絡があった」との証言をとっている。

ならば和泉補佐官は京都行きを完全な公務とは思っていないということになる。では和泉補佐官に随行して京都観光を楽しんだ大坪審議官の行程は、果たして公務といえるのだろうか。

和泉補佐官と大坪審議官の京都行きの1週間前に山中教授が官邸に出向いたにもかかわらず、和泉補佐官が回答を伸ばし、なぜその後で2人だけで京都に行ったのか。なぜ1100億円の予算を管轄する文科省職員の同行を断ったのか。これらが明らかにならなければ、この問題は解決しない。

## 週刊誌をなぞるだけで、新聞記者が務まるのか

翌13日には、東京新聞の望月衣塑子記者がこの件について質問した。その様子は次の通りだ。

**【2019年12月13日午前の官房長官会見】**

**記者**「望月です。和泉補佐官の疑惑に関してお聞きします。一部報道でiPS細胞研究を進めている山中教授に対し、和泉補佐官と大坪審議官が密室の場で、国費投入の廃止を突如打ち出していたという報道がありました。和泉さんはその後、『大坪がやりすぎました』と周囲にも謝罪したようですが、山中教授は『オープンな場で医療政策の意思決定をすべきだ』とも話されております。大坪審議官、和泉補佐官2人による山中教授らへの補助金廃止への打診。これは適正な対応だったのでしょうか」

**長官**「問題があったとは聞いていません」

望月記者は予算を巡る行政の問題に斬り込もうとしているのだが、完全に週刊文春の記事をなぞっており、その結論は記事の記載内容そのままだ。そもそもこのような質問では問題の具体的な所在が明らかではなく、またこの問いかけでは相手に逃げを許してしまう。

記事を読みこんでいないばかりではなく、何が問題なのかを把握していない証拠だ。案の定、望月記者の質問に対して、菅長官はうまく逃げている。そもそもこのような問いかけに対し、官邸側が「適正な対応ではなかった」と言うはずがない。むしろ最も矛盾している点を取り出し、追及すべきだった。

たとえば「大坪審議官は『自分の一存で1100億円の予算をどうでもすることができる』と豪語したとされているが、このような横暴は許せるのか。さらにそういう国策なら、優秀な研究者の海外流出を阻止できないのではないか。現状でさえ、山中教授のiPS細胞再生事業に携わるスタッフの9割は非常勤で、山中教授は一般から寄付も集めているが、やはり国策として国が十分に支援すべきではないだろうか」といった具合に。

このような質問をした上で、もし菅長官が「問題はない」と答えたなら、日本の行政は一部の官僚の恣《し》意的な裁量で左右されているということになる。そして日本の将来を牽引《けんいん》すべき再生医療が海外に移転してしまうのを安倍政権は黙認しているということにもなってしまうのだ。

しかしながら、13日の質問は文春の記事をなぞっただけでもましな方だろう。週明けの16日の会見で望月記者は再度この問題について質問しているが、果たして政府の見解について質問すべき官房長官会見にふさわしい内容なのか、疑問がある。

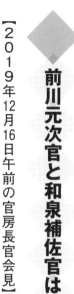

## 前川元次官と和泉補佐官は同列？

【2019年12月16日午前の官房長官会見】

**記者**「東京・望月です。和泉首相補佐官の疑惑に関してもう一度お聞きします。一部報道では、和泉補佐官と大坪審議官が京都で食事している状況や、和泉補佐官が休日にハイヤーで審議官を送迎したり、手をつないだり、和泉補佐官が大坪審議官にかき氷を食べさせていたなど、詳細に報じられました。長官はですね、かつて前川元（文科省）事務次官に『教育者としてあるまじき行為だ』と繰り返して発言されておりましたが、和泉補佐官のこれらの行動は、『あるまじき行為』ということではないのでしょうか」

**長官**「私、和泉補佐官からハイヤーの仕事について説明を受けました。全て私費で支払っている、適切に対応しているということでした」

要するに、和泉補佐官と大坪審議官の〝不倫関係〟について批判するとともに、菅長官を問いただしたいのだろうが、**望月記者が比較する対象として前川喜平元文科事務次官の「出会い系バー通い」を引用している点が興味深い。**おそらくは菅長官に「和泉補佐官と大坪審議官の不倫旅行はあるまじき行為だ」と認めさせ、そう言わせたかったのだろう。和泉補佐官は菅長官の右腕と言われる側近だからだ。

**しかし比較対象にされた前川元次官もいい迷惑だ。**前川元次官は「女子の貧困調査」のために「出会い系バー通い」をしていたと主張している。もし望月記者が前川元次官の言い分を100%信じているのなら、和泉補佐官のケースを引用しようという発想はありえないし、それは前川元次官に失礼だと躊躇《ちゅうちょ》するはずだ。

その前日である12月15日午後1時12分に望月記者が書き込んだツイートも興味深い。ちなみに望月記者がいつもハッシュタグを多用しているのは、拡散効果を狙ってのことのようだ。その希望が叶ってかなり大きな反響があった。

《#前川喜平 前文科事務次官の出会い系バー通いに対しては「教育者としてあるまじき行為!」を盛んに連発していた #菅義偉 #官房長官 だが、官邸を取り仕切っている #和泉洋人 #首相補佐官 の疑惑には「公私は分けていた」。おかしい。評価がなぜここまで

違うのか徹底調査を〔原文ママ〕》

※（さすがにまずいと感じたのか、望月記者は後日「出会い系バー」を「バー」に書き換えた。しかしツイートの趣旨とその前提には変更はない）

## 我々フリーランスは能力が劣っているのか

このような書きぶりや質問内容から見る限り、望月記者には前川元次官の名誉を本気で回復させる意図はなさそうだ。前川元次官がその退職の経緯から安倍政権に批判的な態度をとっていることに乗じているにすぎない。しかし前川元次官は、望月記者の自伝を原案とした映画『新聞記者』の公開前に、オンラインメディア『ハフポスト』が企画した望月記者らとの対談で、以下のように述べている。

「私自身は官邸発と思われる情報でスキャンダル化されかけたことがあるんでね。これは内調《ないちょう》の活動の結果だったのかもしれないという疑いを持ってますけどね。とにかく何をしてるのか、役所の人間でもわからない。そういう組織ですよね」（2019年5月23日

（映画『新聞記者』で登場する内調とは。望月衣塑子・東京新聞記者や元官僚の前川喜平氏が明かす実態」より）

要するに、前川元次官は「〝出会い系バー通い〟は官邸発の（作られた）スキャンダル」としており、それゆえに「官邸と対峙する」という同じポジションで望月氏らと共闘してきた。にもかかわらず、望月氏が「前川元次官は出会い系バーに通っていた」ということを事実として認定しているのなら、この〝盟友関係〟はどうなるのか。

そもそも補佐官の不倫関係というアプローチで菅長官を攻めてみても、この問題が孕む本質にはかすりもしない。重要なことは和泉補佐官と大坪審議官が食事をしていたのか否か、和泉補佐官が大坪審議官をハイヤーで送っていたのか否か、手をつないでいたのか否か、かき氷を食べさせていたのか否かではないのだ。

おそらくはこれでもって、望月記者は官邸を攻撃したいのだろうが、政府を代表する官房長官の会見では、下卑《げび》た質問ではなく政府としての責任を問う質問をすべきだ。曖昧《あいまい》に主観を尋ねる質問や的外れの追及では、真実に迫れるはずがない。

このような質問を見るにつけ、官邸で行われる官房長官会見に参加資格があるにもかかわらず、肝心な時に会見場に入れず、質問ができない自分の立場に実に歯がゆい思いがする。大手メディアの記者たちと我々フリーランスはどう違うのか。

我々フリーランスは大手メディアの記者よりも能力が劣っているのか。それとも我々フリーランスの存在は、官房長官会見の邪魔になるのか。もしそうなら、それらを証明する具体的事実を示してほしい。

## 「桜」問答から垣間見える菅長官の本音

官房長官会見は政府の見解を聞くところだが、時にはウイットに富みながら、和やかにやりとりすることもある。2019年12月12日午後の会見では、菅長官と記者たちの間でこのようなやりとりが見られた。

**【2019年12月12日午後の官房長官会見】**

**記者**「日本テレビの渡辺です。話題変わりまして、毎年恒例の『今年の漢字』が先ほど発表されまして、『令』という字が選ばれました。令和の時代や消費増税など「法令」体制や災害時の警報の「発令」なども踏まえたということですけれども。ご所感があればお願いします」

**長官**「確かに今年は私自身、歴史的巡り合わせ、この元号発表に携わることができたと思っています。まあそういう意味では私は『令』か『和』じゃないかなと思っていたんですけど。まあ『令』が選ばれたということでありますけれども、なるほどなあというふうに思っています」

**記者**「関連で日本テレビ・渡辺ですが、長官にとっての今年の1字というのも、いま伺おうと思っていましたが、お話ですと、やはり『令』か『和』。どうなんでしょうか」

**長官**「2つのうちどちらかなと思っていました」

**記者**「毎日新聞の秋山です。最近では記者会見でも国会でも『桜を見る会』ばかり聞かれていますが、『桜』という漢字についてはどうですか」

**長官**「聞きたくもないです(笑)。あ、見たくもない。見たくも聞きたくもないということです」

苦笑いしながら自虐的に話す菅長官に、記者たちからもどっと笑いが出た。次の記者が質問する際にも菅長官は、「『桜』じゃないですよね」と念を押すなど、会見場は和やかな雰囲気に包まれていた。

毎日新聞の秋山信一記者は、普段はかなり厳しい質問を菅長官に投げかけ、菅長官の返答も固いものになりがちだ。しかし今回ばかりは皮肉を交えつつ、遊び心を持って菅長官の本心を引き出すことに見事に成功している。

菅長官がこうした柔和な表情を見せるのは極めて珍しいことだが、もっともかねてから菅長官は、安倍晋三首相にまつわるスキャンダルにうんざりしている様子が見られていた。たとえば森友学園問題で官邸は、経済産業省官僚から安倍昭恵夫人付きの秘書に転じた谷《たに》査恵子《さえこ》氏が塚本幼稚園・幼児教育学園総裁・園長だった籠池泰典氏に送ったファックスを公開したが、当初は谷氏の携帯番号とメールアドレスが消されていないままに記者会見で配布されたことがある。

後でそのことに気付いたため、配布済みのコピーを慌てて回収し、個人情報を消去したものを配りなおしたが、普段は何重にもチェックがかかるはずの官邸の仕事としてはまずありえないことだ。

そして今回の「桜を見る会」問題についても、〝乱れ〟が見えている。菅長官は11月26日の会見で、反社会勢力が参加していたのではないかという記者の追及に対し、「出席は把握していなかったが、結果的に入ったのだろう」といったんは肯定。しかし12月4日の会見では「反社会的勢力の定義は一義的に定まっているわけではないと承知している」と否定している。

こうした〝ブレ〟を見れば、果たして菅長官が本当に命をかけて安倍首相を守ろうという気持ちがあるのかどうかは疑わしくなってしまう。こうした変化は他の記者たちも感じているようだ。

実際に年末の官房長官会見で、知り合いの記者から「最近、菅長官の様子が変わりましたね」と話しかけられた。筆者が「菅長官の側近と言われた2名の大臣が辞任した頃から、安倍内閣を守る気概が見えなくなっていますよね」と言うと、その記者は大きくうなづいた。

## ポスト安倍を巡る「官邸内の不協和音」

では「官邸内の不協和音」とは何か。それは安倍首相を支える勢力が分裂しているという噂だ。現在の内閣の構図は、安倍首相を菅長官と麻生太郎副総理兼財務大臣が支える三頭立ての馬車のようになっている。そして裏方として安倍首相を支えているのは、経済産業省出身の今井尚哉《なおや》総理秘書官兼総理補佐官だ。

今井補佐官は第1次安倍政権では経済産業省事務方の総理秘書官を務めたが、第2次安倍政権が発足以来、ずっと安倍首相の政務秘書官を務めている。

栃木県の医師の家庭に生まれた今井補佐官は、東大法学部を卒業した後、旧通産省に入省。主にエネルギー畑を歩み、エネルギー庁次長も務めた。叔父は元新日鉄社長で、経団連会長も務めた今井敬《たかし》氏。同じく叔父の故・今井善衛《ぜんえい》氏は、旧通産省で事務次官を務め、商工省時代には安倍首相の祖父である故・岸信介元首相と繋がり、城山三郎氏の小説『官僚たちの夏』のモデルにもなった人物だ。

一方で第1次安倍内閣では政務の首相秘書官は、旧国鉄出身の井上義行前参議院議員だった。機関士出身の井上氏は苦労人であるが、霞が関にも財界にもその影響力はなかった。北朝鮮による邦人拉致《らち》問題に取り組んでいた安倍首相は、朝鮮語ができるゆえに井上氏を抜擢《ばってき》したが、第1次安倍政権が短命に終わったのは、政権の陣営がお粗末であったことも原因のひとつと言われている。

なお安倍首相の体調悪化で第1次安倍政権が崩壊した後、内閣府に戻れなかった井上氏は安倍事務所に預かりとなったが、政界転出を理由に退職。2009年と2012年の衆議院選で落選した後、2013年の参議院選でみんなの党から出馬して当選。2019年の参議院選では自民党公認として比例区に出馬して落選した。

第2次安倍政権が長期政権になったのは、霞が関と経済界ににらみが効く今井補佐官の存在が欠かせない。そして6年半以上も総理秘書官を務めた後、今井秘書官は2019年9月には異例にも総理補佐官を兼任し、政策企画の総括担当として内政及び外交の重要事項全般にかかわることになった。

これまでの政務秘書官よりステイタスでワンランク上になったわけだが、この登用は権限付与と同時に給与面で配慮されたためだと言われている。というのも、政務秘書官なら給与は各省庁の局長クラスに限定されるが、補佐官になれば事務次官より多くなる。これで今井補佐官は、名実ともに霞が関を牛耳《ぎゅうじ》るにふさわしい立場となったわけだ。

このように鉄板の構成になっていたはずの安倍官邸だが、不協和音が聞かれたのは、第2次安倍第4次改造内閣で初入閣した菅原一秀《いっしゅう》経済産業大臣と河井克行《かつゆき》法務大臣が辞任した時だった。

菅原氏は10月24日発売の週刊文春で公設第一秘書が選挙区内で香典《こうでん》を渡していたことを報じられた責任をとり、翌25日に辞任した。

河井氏は7月の参議院選で初当選した案里《あんり》夫人がこれまた10月31日発売の週刊文春によって運動員買収を報じられたため、同日に辞任している。

菅原氏も河井氏も菅長官に近いため、「官邸内部からのリーク説」が囁《ささや》かれた。その理由は10月の消費税増税導入前の衆議院解散をめぐり、安倍首相側と菅長官側が対立したためだと言われていた。

解散を巡る対立は、そのままポスト安倍を巡る対立に繋がる。安倍首相は2018年9月に特例として自民党総裁3期目に入ったが、2021年の自民党総裁選で4選を狙うかどうかは態度を明らかにしていない。

しかし12月9日の首相会見や同月13日の内外情報調査会の講演で「私の手で憲法改正を成し遂げたい」ときっぱりと宣言。ならば2021年以降も首相の地位にいる必要があるが、そうなれば早期に衆議院を解散して党内での求心力を保たなくてはならない。

衆議院解散と総裁選4選は表と裏の関係ともいえるのだ。

## 菅長官がポスト安倍を狙う？

一方で菅長官は早期解散には反対で、任期満了に持って行きたいと考えているとみられていた。２０１９年4月1日に官房長官として「令和」の元号を発表した菅長官は、「令和おじさん」として全国的知名度と人気を得た。１９４８年生まれで70歳をすぎての遅咲きだが、政治家なら誰でも首相の座を一度は夢見るものだ。その実力からいっても、菅長官は首相の座に最も近いところに位置していると言われていた。

２０１９年9月の内閣改造では、側近の菅原氏や河井氏を初入閣させた他、河野太郎外務大臣を防衛大臣に横滑りさせた。小泉進次郎氏を環境大臣に推したのも、菅長官だと言われている。河野氏も小泉氏も、菅長官と同じ自民党神奈川県連の所属だ。

こうして菅長官の息のかかった4名の閣僚のうち、菅原氏と河井氏は、〝文春砲〟を受けて内閣から去った。早速の大臣の不祥事に、「9月の改造では身体検査が行われなかったのか」と批判が出たが、ある筋からは「今回は十分すぎるほどやった」と聞いている。

「悪い情報は山と積まれていたようだ。それを保存するための特別な部屋は、関係者以外立ち入り禁止になっているらしい。必要な時にそれを引っ張り出して、政局をつくるつもりだったのだろう」

こうした話が出るのは内閣が盤石である証拠ともいえるが、げに政治とは恐ろしい。

## 会見の醍醐味は人間性に触れることができること

しかしながら、虎穴《こけつ》に入《い》らずんば虎子《こじ》を得ず。そもそも政治とは恐ろしく生々しく、かつ人の気持ちのひだひとつが世界を大きく動かすような、繊細かつダイナミックな世界だ。その動向を、政治家の表情からも探る必要がある。重要な政治家にメディア各社が「番記者」を置くのは、そうした政治家の一挙手一投足を観察・報告させるためだ。

筆者はこれまで与野党の様々な政治家の会見に出てきた。感情を読み取りにくい政治家の例を挙げるなら、まずは日本共産党の志位《しい》和夫委員長だろう。組織政党のトップゆえか、話すトーンにほとんど変化がない。顔の表情もそうだ。同じ日本共産党でも、オープンな印象の小池晃《あきら》書記局長とはその点で大きく違う。もともと表情豊かなのだろうが、小池氏は顔の表情から感情が読み取りやすい。

組織政党という点で共産党と共通する公明党の山口那津男《なつお》代表は、いわゆる〝アクター〟タイプだ。

どの問題をどういうふうに話すべきかをはじめから意識していることがわかる。おそらくは質問を想定し、頭の中である程度の流れが作られているのだろう。かなり以前だが、党本部での記者会見で事前通告なく質問をして、山口代表の顔をこわばらせたことがあった。あれは頭の中で、ストーリーを必死に描き直していたのだろう。

始終ポーカーフェイスでもって、表情を探らせないぞというように質問に答えていたのが、外務大臣時代の岸田文雄自民党政調会長だ。とりわけ竹島問題や尖閣《せんかく》問題、慰安婦問題などについては、言葉を慎重に選びながら話していた。もっともこれはポーズというよりも、岸田氏の性格そのものから出ているのだろう。

## 記者の質問のリレーに、岡田氏は言葉を失った

外務大臣や民主党幹事長などを務めた岡田克也元民進党代表は、けっこう顔に感情が出るタイプといえる。

岡田氏は自他とも生真面目な性格で知られるが、時折面白い反応を見せることがある。あれは２０１１年の三重県知事選の時だ。36歳の経産官僚だった鈴木英敬《えいけい》氏がいち早く手を挙げ、野党だった自民党やみんなの党から推薦を得ており、公明党三重県本部も鈴木氏を支持していた。

当時の与党だった民主党は候補選定に難儀《なんぎ》していたが、決定権を持つのは三重県で盤石《ばんじゃく》の地盤を持つ岡田氏。焦点は高橋千秋参議院議員（当時）を鞍替えさせて知事選に出馬させるかどうかだった。

会見ではまず地元の中日新聞の記者が「高橋さんを鞍替えさせて出馬させるのか」と尋ねたところ、岡田氏は「現職の国会議員を鞍替えさせるつもりはない」と即答した。しかし２０１１年1月の名古屋市長選では、愛知県犬山市長を務めたことのある石田芳弘氏が衆議院議員を辞職して出馬している。その実例があることを筆者が述べると、岡田氏は「それは石田さんが望んだから」と回答。そうしたらすぐさま、伊勢新聞の記者が「もし高橋さんが知事選出馬を望んだらどうなのか」と突っ込んだ。

事前の打ち合わせもなく、結果的にたまたま〝質問のリレー〟となったわけだが、無表情だと言われる岡田氏の顔に、なんともいえない困惑の色が浮かんでいた。こうした質問は政治家の反射神経を試すことにもなるので面白い。

## 会見でわかる国民民主党・玉木代表の素顔

そうした反射神経が最も優れているのは、国民民主党の玉木雄一郎代表だろう。会見でどんな問題が飛んできても、必ず一定以上の内容の回答を出してくる。

もちろん記者には事前に質問を知らせるようにメールを出すし、スタッフや司会役の議員とともに出そうな質問について打ち合わせもしている。だが必ずしもその範囲から質問が出るとは限らない。筆者や情報誌『ファクタ』の宮嶋巌社長、『日仏共同テレビ局フランス10』の及川健二氏など、フリーランス枠からの質問は想定しにくいものだろう。とりわけカメラマンの堀田喬《たかし》氏の質問は、国民民主党にとって耳が痛いもので、回答に窮するようなものであることもしばしばだ。にもかかわらず、玉木代表はうまくかわしている。立憲民主党の枝野幸男代表のように「知見がない」と回答を拒否したり、過去の発言をおおまかに引用することを許さないなど、答えたくない質問について逃げたりはしない。しかも批判的な姿勢の堀田氏には、しっかりと〝反撃〟を加えたりもする。反撃された堀田氏は「玉木はしょうがねえなあ」と後でぼやくが、次の会見ではまた鋭く問題点を指摘。こうしたことが政治家を育てることになるのだろう。玉木代表も「堀田さんにはいろいろと教えてもらっている」と感謝の気持ちを忘れていない。

そんな玉木代表が珍しくとまどいを見せた会見があった。森裕子参議院議員の質問通告問題だ。

## 玉木代表のメンツが潰された

森議員の質問通告問題とは、2019年10月15日の参議院予算委員会で質問予定だった森議員が11日午後5時までに関係省庁に質問通告するはずだったが、これが遅れたために「帰れない」と官僚が〝反乱〟を起こした問題だ。

委員会で質問通告された場合は、関係省庁の官僚はその答弁作成のために深夜まで勤務しなければならない。しかし11日には気象庁が厳重な注意を呼び掛けるほど大型で強い勢力の台風19号が東日本に近づいており、誰もが早めに帰宅したがった。その前の台風16号が東日本を襲った時、官僚が答弁を書き終えてようやく帰宅できるようになった頃には水すら買うことができなかったとの話もあったからだ。

よって、官僚たちは怒っていた。匿名《とくめい》アカウントを作成して、ネットで森議員を批判する官僚も現れた。また質問通告の進行を示した省庁で閲覧できるイントラネット情報も流出した。これについて森議員は「午後5時までに質問通告した」と反論し、ネットで森議員を批判した〝犯人〟捜しも要求した。

この問題を「官僚による質問妨害」ととらえた森議員と国民民主党の原口一博国対委員長、舟山康江参議院国対委員長らは、10月16日午後に参議院側で会見を開催した。しかしこれが玉木代表の定例会見と完全に重なっていたのだ。

しかも玉木代表はこの森氏らの会見の開催を事前に知らされておらず、記者が質問したことで初めて知ることになった。これでは玉木代表が党の代表にもかかわらず党内事情を把握していないことになり、非常な恥辱だったに違いない。いつもはにこやかな表情の玉木代表だが、この時ばかりはさすがに気分を害した様子を見せた。

次に玉木代表の顔が曇ったのは12月3日のことだった。夜に議員生活10周年と出版記念パーティーを開く予定だったが、午前に開かれた党の会合で国民民主党の衆議院議員17名が玉木代表に立憲民主党への合流を直談判《じかだんぱん》。この時の衝撃は相当堪《こた》えたようで、玉木代表の表情の曇りは長らく残った。玉木代表本人も、「自分でも老けたと思う」と述べている。

## 筆者の質問に細野氏は絶句した

このように会見の現場では、政治家は往々にして素顔を晒《さら》す。不意打ちで都合の悪い質問をされたら、立ち往生になることもままある。その時こそ、政治家の本性が出る。

次は民主党で政調会長を務めた細野豪志《ごうし》衆議院議員の例だ。

正直、野党の会見は政府与党の会見ほど興味を引くものではない。野党担当の記者も普段の質問は多くなく、またその内容はさほど重要なものでもないのだ。

それだけでは面白くないので、ひとつ〝爆弾〟を投げることにした。ちょうど自民党の宮崎謙介衆議院議員（当時）が週刊文春に不倫疑惑を報じられ、議員辞職した時だった。

「自民党の宮崎謙介議員が週刊誌で不倫疑惑を報じられ、議員辞職した。細野政調会長も

２００６年10月に写真週刊誌で女性スキャンダルを報じられたことがある。しかし次の衆議院選では、前回よりも３万６０００票以上も増やして圧勝した。この差は何だと思うか？」

細野氏は驚いた顔をしただけで、ほとんど答えてくれなかったが、こうした質問に対してこそ、ウイットに富んだ言葉を返してほしいものだ。会見は答える人の頭脳と人柄がそのまま出るところなのだから。

## ウイットで返すこともある菅長官

官房長官会見でも変則的な質問が出ることがある。そういう場合、菅長官は実はうまく応じているのだ。先述した「今年の１字」についての質問に対する返答もその一例だが、筆者が以前、「東京新聞の望月記者の質問はしつこいと思うか」と尋ねた時もそうだった。この時、菅長官は意外そうな表情を浮かべたが、すぐさま普通の顔に戻って「いえ、全然」とオーバーアクションで否定した。そしてニヤリと笑った。その笑いこそ、菅長官の本音を表していると思った。他の記者たちも、どっと笑った。

官房長官は「取材の対象」であって、「敵」ではない。よって、ただ甲高《かんだか》くギャンギャンと追及するだけが記者の役割であるはずがない。政治家とのやりとりを通じて現場の温度を感じ取り、相手の本音を引き出すことも必要だ。そもそも政治とは利権だけで動いているものではない。そこには情もあり、血も流れている。政治ではよく、「清濁併《せいだくあわ》せ呑む」という表現が用いられるが、単純な「正義」と「悪」という二元論で動いているわけではないということだ。

よって真相に迫るためには、正義が多元にあるという前提に立たなくてはいけない。自分の正義が絶対とは限らないのだ。

永田町とは決して世間の上澄《うわず》みの世界ではない。むしろドロドロした澱《おり》が日本中、あるいは世界のいろいろなところから集まってきている社会といえる。

あれは筆者が政策担当秘書を務めていた頃だ。永田町の交差点でふと旧参議院議員会館を見上げた時、空一面にどす黒い空気が漂っているように感じた。

それは巨大な予算を求め、権力を手にしようとしてきた数多くの人々の怨念のようにも思えた。大志を抱いていったんは議員バッジを付けたものの、無念のうちに短い期間で政界を去らなければならず、たっぷりと思いを残した人もいたはずだ。

そういえば永田町には「怪談話」がいくつかある。議員会館に休日出勤すると、誰もいないはずの廊下から人の声が聞こえたなどという話を聞いたことがある。しかもそれは小さな子供が遊んでいる声だったとか……。

このように政治の現場は魑魅魍魎《ちみもうりょう》の世界だ。そういったものを全て呑み込まないと、長く政治の世界にはいられないのかもしれない。

そうした政治家の苦労を肌で感じ取ることができる貴重な機会が、官房長官会見といえる。官邸に入ると、議員会館の空気とはまた異なる緊張が感じられる。多様な利害関係が、さらに交錯しているのだろう。そのひとつひとつの綾《あや》を解きほぐすには、時の権力者がどのような思惑をもって、どのような優先順位で行おうとしているのかを記者は実感しなければならない。そしてそれにはまず、生身の政治家の日々の思いや普段の行動パターンを知るしかない。

## 不自由さの実情

以上が政治を理解するための、筆者のアプローチだ。日々変わる政治の現場をつぶさに観察するには、さまざまな場所に直接出向く必要がある。

フリーランスは自分の自由に動けるメリットがある。「これが重要だ」と思うところに自分でアクセスでき、個人的な付き合いから、他にはない情報をもらうことも多々ある。

その一方で、フリーランスという身分には、デメリットも付きものだ。まずは名刺の効力がないことだ。

大手のテレビや新聞社に所属し、その名刺を持っている場合、さまざまな人に会える機会は非常に大きい。

相手は記者個人を見ているのではなく、その記者が所属するメディア媒体を重視しているのだ。政治家の中にもそのような人がいるし、中央官庁の官僚の場合、顕著にその傾向を見せる人もいる。

とりわけ外務省ではその傾向が強いといえるだろう。これは10年以上前の話になるが、尖閣諸島問題について問い合わせようと、外務省の大代表番号から担当部署に電話をしたことがある。

## 外務官僚の見え透いた居留守

「担当者と代わりますので、ちょっとお待ちください」

そう言われて待ったが、担当者が電話に出る様子は一向になかった。再度、大代表からかけ直すと、「担当者は海外出張で留守です」とのことだった。

あまりに奇異な感じがしたので、そばにいた議員秘書にその件について相談したところ、「うちの事務所からかけたらいい。うちの秘書のふりをすればいい」とのこと。すぐさま事務所からかけると、受話器から男性の声が聞こえてきた。

「担当の○○です。いつも先生にはお世話になっております」

至極《しごく》丁寧な声だった。

「もしかして、お出かけになっていましたか」

「いいえ。ずっと席におりました」

訝《いぶか》しさのかけらもない声だった。「いや、あなたは3分ほど前には海外(どこの国かは知らないが)に出張していたはずだ」と言いたい気持ちを飲み込んだ。

官尊民卑《かんそんみんぴ》の精神がここに極まったということだが、民間といっても大手メディアの記者なら、こうした扱いは受けないだろう。入口でそれだけの差が付けられるということだ。

これを大学入試で例えるなら、我々フリーランスが正規に数科目の筆記試験を受けるところを、大手メディアの記者の場合、筆記試験なし、あるいは簡単な面接のみで入学を認められるということになるだろう。

官房長官会見はまさにその構図だ。参加するためには我々フリーランスが様々な障壁を克服しなければならないのに、内閣記者会所属社の社員なら、そのような障壁は最初から存在しない。

## 試験を受けずに大学に〝連れ入学〟したようなもの

さらにいえば、内閣記者会の加盟社の社員なら、政治部記者でなくても官房長官会見に参加できる。前述した大学入試の例えでいうのなら、試験を受けずに合格した長男がいたら、ついでに次男にも合格通知が出されるということだ。次男だけに限らない。長女でも次女でも三男でもおばあちゃんでも、希望するなら試験を受けなくても希望の大学に入学できるということになる。

もっとも誰が大学に来ようとも、おとなしく講義を受けているのであればそれはそれでいい。だが、その講義の中で自説を長々と述べ、大学関係者が制止しようとすると「私の学問の自由はどうなるのか」などと暴れ出したら、もう手のつけようがない。

それでニュースで報じられるなど、話題になればいいのか。しかしこれは汚点以外の何ものでもないだろう。

## 煽《あお》りを食って、フリーランスの権利が侵害されている

もちろん東京新聞の望月記者が官房長官会見に登場したことで、官房長官会見が注目されるようになったことは否めない。それで政治に関心を持つ人が現れるのであれば、それは望月記者の功績だ。

しかし望月記者が参加することで官邸が不要なけん制をするようになったため、会見参加のチャンスが少ない我々フリーランスが質問の権利をさらに侵害されることにもなっている。官邸報道室は望月記者のしつこい質問を防止するため、望月記者の質問を短く終わ

らせ、それを最後にして会見を打ち切る方針を打ち出しているが、その煽りを食って、再質問したくても受け付けられなくなっているのだ。

こうした不利益は会見会場にいる記者全員に及ぶが、フリーランス以外の記者は次の会見での質問は可能だ。午前の会見でできなければ、午後の会見でできる。だが筆者の場合、すでに述べたように、「次の機会」は次週以降となる。官房長官記者会見は8月には午後の会見は行われなくなるが、そうなればおよそ1か月、何も聞くことはできない。

しかも次のような質問は他の記者にとって迷惑以外の何ものでもない。

## 官房長官会見を私物化していないか

**【2019年5月29日午後の官房長官会見】**

**望月**「再び上村報道室長の質問妨害についてお伺いします」

**長官**「大変申し訳ないですけど、ここはそうしたことを質問する場ではなくて、記者会主催でありますから、記者会に申し入れて下さい」

**望月**「はい、あの関連でですね。これはちょっと確認したいんですね、長官は昨日の……」

**長官**「それは記者会の場とは違いますから、記者会が主催している会でありますので、そこはそこで対応してください」

**望月**「つまりそうすると、これまでの遮《さえぎ》りに対しては……」

**室長**「名前をお願いします」

**望月**「東京の望月です。『記者会との間で行っている』というご発言でした。それで確認したいんですが、特定の記者の質問を25秒以上たったら遮るということをですね、これ記者会が容認したと言いたいんですか」

**長官**「記者会で問題があれば、記者会の方に問題点を指摘してください。ここはあの、大事な記者会見の場でありますので」

**室長**「この後日程がありますので、この質問で最後でお願いします」

**長官**「その発言だったら、指しません」

**望月**「あはっ、いいですよ（小バカにした感じで）。はい。そうしたら、他のことについて聞きます。

日朝首脳会談についてお聞き致しますね。長官あのう、これまでその、直接的にですね。金正恩《キム・ジョンウン》委員長と直接会って話をする準備があるという首相のご発言について、『何を適切かという判断だ』という趣旨のご発言をされたと思うんですが、昨日、一部報道が出ていますが、この日朝の交渉について、首相が「前提なしの首脳会談」について朝鮮労働党の機関紙が、『日本は840万人の朝鮮人を拉致し、戦場や工場に送り出した』と。『過去の扉を、罪を清算するつもりは全くない』と。この『前提条件なく首脳会談を目指す政府』を批判をしておりました。これについての受け止めを」

**長官**「いちいちお答えしません」

望月記者が「昨日の件」と指したのは、5月28日午前の会見で与那国島《よなぐにじま》の弾薬庫問題についての望月記者の質問に対して菅長官が「防衛省にお尋ねください」とそっけなく答えた件と思われる。望月記者の再度の質問に対しても、菅長官は「防衛省が適切に対応するのではないでしょうか」と取り付く島もなかった。

## 望月記者がこだわる与那国島の火薬庫問題とは

与那国島の弾薬庫問題とは、沖縄県与那国町に2016年に配備された陸上自衛隊の

「与那国沿岸監視隊」の駐屯地内に弾薬庫が整備されていたことが発覚した件を指す。防衛省が2013年に作成した資料では「貯蔵庫施設」と記載されており、それに基づいて2015年に部隊配備の是非を問う住民投票が実施された。

防衛省は今後、弾薬庫を「火薬庫」としようとしているが、それは問題を矮小化《わいしょうか》させているのではないかというのが5月28日午前の会見での望月記者の主張だ。

この問題は地元の安全性の問題のみならず、対中防衛という観点が求められる問題だ。国家の政策ではあるが、その背景に細かく具体的な経緯と複雑な事情が存在する。こうした問題ひとつひとつ全てを官房長官が詳しく把握するのは難しいのが現実だ。もし具体的な回答を得たいのなら、菅長官が主張するように防衛省に聞くのが適当だ。しかしそうではなくて国としての方針を聞くのなら、官房長官会見で質問すべきである。

問題は、望月記者の質問が非常に「部分的」である点だ。官房長官会見で尋ねるべき質問にするのなら、もっと大局的な観点を盛り込む必要がある。

そもそも菅長官に敬遠されていると感じるのなら、その原因を除去した上で再度挑むべきだろう。質問が長いと注意されれば、短くなるように工夫すればいい。あるいはどうしても短くできないなら、注意そのものを無視するしかないだろう。

実際に筆者も「質問を短く」という注意を受けたことがある。しかし質問の趣旨として、どうしてもその背景を述べなくてはならないこともある。端的に「長官、あれはどうですか」とか「これについてどう思いますか」と聞いたところで、菅長官でなくても答えることはない。

あるいは事前に質問通告することで、現場の質問時間を短縮することも不可能ではない。しかし筆者は質問通告には懐疑的だ。官房長官会見に限らずどの会見でも事前の質問通告を求められてきたが、通告しても望ましい答えが返ってきたことは一度もない。むしろ質問趣旨を曲解され、期待とはほど遠い内容を回答された場合がほとんどだ。

よって記者会見では、「出たとこ勝負」的に質問している。もし相手からきちんと答えてもらえなかったらそれでもけっこう。ただし常識的に考えて、ほとんどの人が「おかしい」と思うだろうというテーマを選んで質問しているので、これを政治家が答えられないということ自体おかしいのだ。

内閣を代表する官房長官は、国政全般に責任を持っている。ならば多少曖昧であっても、少なくとも方向性を示してもらえばそれでいい。詳しい話はやはり担当官庁に聞くのが一番いい。そちらの方が早くて確実だ。

しかし官房長官会見を自己表現の場として考えているなら、話は別になる。

この日の望月氏は、菅長官に戦いを挑むつもりで官邸に入ったのだろう。だけど誰も2人のバトルなど見たくもない。どうしても戦いたいというのなら、それは別の場所でやるべきだ。報道室を介して実現が不可能なら、議員会館の事務所に〝果たし状〟を持参すればいい。会見場以外でバトルをやるのは個人の自由だ。しかし会見場でやる価値は全くない。

もしこれを会見で行う〝価値〟があるとするなら、その〝価値〟とは、望月記者がみずからの支持者に向かって、**「私はここまで菅官房長官や官邸に虐《いじ》められている」とアピールできることに他ならない。**

官房長官会見は官邸による公式配信の他、ニコニコ動画や最近ではテレビ東京も動画配信を行っている。手話通訳や英語通訳もあり、全世界で視聴が可能だ。そこで政府の有力者と丁々発止《ちょうちょうはっし》を行うのであれば、さぞかし目立つに違いない。権力を嫌う人たちはそれを見て、すぐさま望月記者のファンになるだろう。

おそらくは官房長官会見に参加した望月記者の本当の目的はそれではなかったか。

## 講演で菅長官を笑いものにする望月記者

　実際に官房長官会見でのやりとりは、望月記者の講演会での絶好のネタになっているのだ。たとえば2019年9月22日に東京・文京区シビックセンターで開かれた「安倍政権のこと、全部しゃべります」では、1月18日午前の官房長官会見での菅長官とのやりとりを紹介しており、菅長官をおちょくっている。次にその様子を報じた9月27日付けの『ウェブ新潮』の記事の一部を引用しよう。

「18日の午前、菅さんの会見に行きました。『署名を集めた27歳の元山さんが、署名9万人の声を無にしたくないと、宜野湾《ぎのわん》市役所前で抗議のハンストを15日から始めています。投票不参加は、法の下の平等に違反しますが、若者がハンストで抗議の意を示さざるを得ない状況について、政府の認識をお聞かせください』。政府の認識を聞いているのにね、菅さん、『その方に聞いてくださいよ～』」

　と、菅官房長官のマネをして話すのだった。菅官房長官の回答に不満だった望月記者、

同じ日の午後の会見でも質問したそうで、

「『もう一度聞きます。一人の若者が一票の権利を勝ち取るために、抗議のハンストをしなきゃならなくなっている。こういう状況になっていることについて、いま政府としてどう認識されているのでしょうか』と。（中略）菅さんは、『それはあの、それはそのあの、沖縄、沖縄のことですから〜』。これで終わっちゃうんです」

さらにふざけて望月記者、菅官房長官のマネをしながら、

「またあの望月、俺に余計なことを聞いてきやがった。元号のめでたい発表の場には、あ奴を来させるな〜」

と自慢げに述べた。

では実際に1月18日の官房長官会見はどうだったのか。

**【2019年1月18日午前の官房長官会見】**

**記者**「東京・望月です。辺野古《へのこ》埋め立て、お聞きします。沖縄防衛局が埋め立て土砂の単価を、県内の良質な石材の倍以上の（「簡潔にお願いします」との上村室長の声）1立法メ

ートルあたり1万円以上と見積もり、業者に発注しているということが判明いたしました。防衛省の内規では、工事の材料単価は（「結論お願いします」との上村室長の声）原則3社以上から見積もりを取るということになっていますが、1社だけの見積もりを採用しております。赤土の投入疑惑に続き、（「簡潔にお願いします」との上村室長の声）これも問題ではないでしょうか」

**長官**「適切に対応しているっちゅうことです」

**室長**「この後、日程がありますので、最後でお願いします」

**記者**「はい。関連で、沖縄5市の県民投票拒否についてお聞きします。署名を集めた27歳の元山さんが、署名した10万人の思いを無にしたくないと、宜野湾市役所前で抗議のハンストを15日から始めております。（「結論お願いします」との上村室長の声）5市の投票不参加は法の下の平等に違反しますが、若者がハンストで抗議の意を示さざるを得なくなっている、（「簡潔にお願いします」との上村室長の声）この状況について政府の認識をお聞かせ下さい」

**長官**「その方に聞いて下さい！」

沖縄県宜野湾市にある米軍・普天間《ふてんま》基地の名護市・辺野古移転計画にともない、埋め立ての賛否を問う県民投票が2019年2月24日に行われた。これは元山仁士郎氏が代表を務める「辺野古県民投票の会」が署名活動によって9万2848筆を集め、沖縄県知事に直接請求したことに始まっている。

## 沖縄の住民投票は政府とは無関係

しかし同県民投票には宮古島市、宜野湾市、沖縄市、石垣市とうるま市の5市が参加しなかった。いずれも市長は保守系で、自民党の勢力が強い地域だ。

なお県民投票は県知事が執行するが、事務は地方自治法に基づいて市町村が実施することになっている。よって市町村が「事務を行わない」と決定したなら、県民投票に参加できない。

これら5市のうち、宮古島市、宜野湾市、沖縄市、石垣市は議会が予算執行を否決し、うるま市は島袋敏夫市長が「賛否の2択より広い選択肢でとりうる必要がある」と記者会見で述べたが、玉城《たまき》デニー沖縄県知事は「条例変更は困難だ」との見解を示した。その結果、県内有権者のうちの32%を占めるこれらの市民は、住民投票に参加していない。

基地問題は国の外交問題であり、防衛政策でもある。だがこの県民投票を行う主体は地方自治体であり、その効果について国は法的に拘束されない。すなわち憲法第95条に基づくものではないのだ。

もっとも法的に拘束されないとしても、国はその結果について事実上の影響を受けることはありうる話だ。そうだとしても、中央政府に対して聞くことが可能なのは県民投票の結果についてに限定されるだろう。県民投票を行う過程について国は無関係であり、なんらかの事実上の関与がなければ、質問を受けても政府の立場で答えられるはずがない。

そもそも元山氏のハンストは、県民投票に参加しない5つの市に対する呼びかけであって、安倍政権に対して直接呼びかけていたわけではない。

**【2019年1月18日午後の官房長官会見】**

**記者**「再び沖縄5市の県民投票拒否についてお伺いします。午前の会見で、抗議のハンストをする元山さんの質問の際、長官は笑っておられましたが、元山さんは『投票権を奪ったことに体を張り抗議する私に聞けとはどういうことですか。政権はどれだけ冷酷なのか。選んだ人はどう思うのか』と批判されています。
　その方の話を聞いた上で聞いておりますが、若者が抗議のハンストをしなければ、投票できなくなっている、この現状への政府の認識をきちんとお答え下さい」
**長官**「そこは、県民投票は沖縄がやっていますから、そこじゃないでしょうか」
**室長**「この後、日程があり、次の質問、最後でお願いします」
**記者**「はい、次……」
**長官**「まだ指名していません」
**記者**「東京・望月です。関連でですね、自民党の宮崎議員が、これ勉強会で県民投票の否決の道のりを指南したことを契機に、一部自民党を含む議員たちが否決に回ったと語っております。
　この宮崎議員の行動は県民の投票の権利を踏みにじる暴挙ですけれども、今回のこの暴挙は民意に反し、辺野古基地建設を強行にいま進めている長官をはじめ官邸の直接的間接的指示はなかったのですか」
**長官**「それは宮崎さんに聞いて下さい。何回も記者会見していらっしゃるんじゃないですか」

なかなか強引な質問だが、まず元山氏の件について事実が途中で歪曲《わいきょく》されていないか。すでに記述した通り、この住民投票は、法的に国は関係ない。だから菅長官が答えなかったのは当然だ。ただし住民投票を行う原因となった沖縄県のアメリカ軍基地政策については、国の問題だ。

## 意図的にフェイクニュースを流した可能性

その部分において「菅長官は知らないと言っている」と伝えたなら、それは元山氏としては情けなく悔しい思いになるに違いない。だがそうやって煽るのはメディアとしてはやってはならないことだ。

後半の質問についても、それはいえる。もし官邸側から県民投票に対する妨害行為があったのなら、それは政府の代表として菅長官が説明と謝罪をしなければならない。しかし宮崎議員の行為は自民党議員としての行為なのだから、質問する相手は菅長官ではなく、宮崎議員本人か、あるいは自民党の二階俊博幹事長ではないのか。

要するに、単に官房長官会見場でネタをひろおうとしているだけだから、こうした矛盾が発生する。望月記者がやっていることは、事実を歪めて菅長官に対して不愉快な問題を質問し、その反応を面白おかしく〝加工〟して、政府に好感情を持たない人を笑わせているだけではないのか。

## 漫談で政治の実相に迫れるのか

そういえばある立憲民主党の議員が次のように言っていた。

「望月さんを講演に呼んでほしいという声が地元の支援者から出ている。彼女の話が面白いらしいんだよ。試しに動画を見てみたら、確かに麻生さんの物真似をしたりで、笑える要素は多い。でも私はあれでいいとは思えないんだよね。政治の実相に迫っているとは言えない」

政治をわかりやすく伝えることは重要であるし、大いにけっこうだ。しかし麻生大臣の物真似をして、笑わせる必要があるのだろうか。もちろん、楽しく伝えるためなら、政治家のしぐさを真似ることにも意味があるだろう。だが望月記者の物真似は**麻生大臣をバカにしてあざ笑いたい聴衆の要望に応えるために、わざわざ行っている物真似だ。**

そもそもこうした漫談のような講演のネタをひろうために、官房長官会見は存在しているのか。しかもこのような「自分勝手な展開の質問」はこの時だけではない。すでに官房長官会見で何度もバトルが展開されている。次にそれを再現しよう。

## 「答える必要のない質問」の真意

**【2019年2月26日午後の官房長官会見】**

**望月**「東京・望月です。官邸の東京新聞への抗議文の関係です。長官、午前、『抗議は事実と違う発言をした社のみ』ということでしたけれども、この抗議文には主観にもとづく客観性、中立性を欠く個人的見解など、質問や表現の自由にまで及ぶものが多数ありました。わが社以外のメディアにも、このような要請をしたことがあるのか。また今後もこのような抗議文を出し続けるおつもりなのか、お聞かせください」

**長官**「まずですね。この場所は記者会見の質問を受ける場所であり、意見を申し受ける場でありません。ここは明確に断っておきます。『会見の場で長官に意見を述べるのは当社の方針ではない』。東京新聞からそのような回答がありますす」

**室長**「この後、日程がありますので、次の質問を最後でお願いします」

**望月**「はい、東京・望月です。いまの関連ですけれども、抗議文の中には森友疑惑での省庁間の協議録に関し、『メモがあるかどうか確認していただきたい』と述べたことに、『会見は長官に要望できる場か』と抗議が寄せられましたが、会見は政府のためでもメディアのためではなく、やはり国民の知る権利に応えるためにあるものと思いますが、長官はいまのご発言を踏まえても、**この会見はいったい何のための場だと思っていらっしゃるのでしょうか**」

**長官**「**あなたに答える必要はありません**」

この菅長官の「**あなたに答える必要はない**」との言葉は、当時「菅長官が記者に対して説明責任を放棄した」というニュアンスで伝えられ、大きな話題となった。立憲民主党の辻元清美国対委員長（当時）は、「記者に圧力をかけ、誠実に答えていない。官房長官として失格だ」と批判し、国民民主党の玉木雄一郎代表も、「どんな時でも丁寧に、その先に多くの国民がいるとの思いで答えるのが大事だ」と述べている。

これについて菅長官は27日の会見で、「これまで累次にわたって、記者会見は質問に対し政府の見解を答える場だと述べてきた。そのことをあえて繰り返さない趣旨で言った」と述べ、特定の記者に対する回答を拒否したわけではないことを言明した。

もちろん官房長官は記者の質問に答える義務があり、記者は官房長官を追及する権利がある。

しかしそれは国民の知る権利に資するということが前提になっているが、果たして望月記者の質問が、国民の知る権利に資しているのか。

**そもそもこれは官房長官会見の私物化ではないだろうか。**質問を25秒で制約されるなら、それ以内でおさめる工夫をすべきだ。新聞記事にしても紙面上の都合で字数の制約がある。いくらでも書き放題というわけではない。

もし自分の質問権が制約されていると思うのなら、なぜそうされるのかという理由を考えないのか。自分の質問が要領を得ず、常識を外れているから、迷惑がられたという発想はできないのか。

## 記者は「国民の代表」なのか

これに先立つ約1週間ほど前の2月20日、望月記者が所属する東京新聞は、「検証と見解」という特集を掲載し、官邸と望月記者のバトルについて検証した。

東京新聞はこの中で長谷川栄一広報官とのやりとりを掲載。「記者会見は官房長官に要請できる場と考えているのか」という長谷川広報官の質問に対し、**東京新聞側は「記者は国民の代表として質問に臨んでいる」と回答した。**

これに対し長谷川広報官は「国民の代表とは選挙で選ばれた国会議員。貴社は民間企業であり、会見に出る記者は貴社内の人事で定められている」と反論している。

**果たして新聞記者は「国民の代表」なのか。**

国会議員や地方議員は、もちろん「代表」といえる。

日本国憲法はその前文が「日本国民は、正当に選挙された国会における代表者を通じて行動」との文言から始まっている。民主政治は選挙を通じて国民の代表となった議員によって行われるべきだと宣言しているのだ。そして第43条で、「両院は、全国民の代表で組織された議員でこれを組織する」と規定。衆参両院の議員こそが「国民の代表」であり、それが日本国憲法の骨格となっている国民主権の内容だ。地方議員はこれに準ずる。

国民主権の下で「国民の代表」という限りは、国民から厳粛な主権の委託を受けなければならない。それが選挙で、公職選挙法などで厳しいルールが決められているのはそれゆえだ。

そして国民の代表である国会議員は、議会における言論活動の自由のための不逮捕特権（第50条）や発表表決の無答責特権（第51条）、そして歳費を受ける特権（第49条）を憲法で保障されている。

では新聞記者は何をもって「国民の代表」といえるのだろうか。国民からどんな付託を得たのだろうか。新聞を購読する行為はそれに該当するのか。それなら新聞社が代表となるが、新聞社に雇用されている記者まで代表というのは無理がある。新聞記者を国民の代表とするのなら、新聞社は容易に配置転換できなくなる。

もちろん民主主義社会でメディアが果たす役割は無視できない。だが新聞記者が代表なら、新聞社はその地位を変えるような配置転換や懲罰は不可能になるし、賃金のカットもできなくなる。また国民の代表たる記者を雇用している新聞社が経営危機に陥るなら、公的資金を投入すべきということになってしまうかもしれない。また記事にミスがあっても、民主主義という大義のためなら、無答責特権を認めるべきなのか。

さらにいえば、新聞は購読者が減りつつあり、ネット媒体は読者が増えている現状がある。その現実を踏まえれば、多数の読者をかかえるブロガーの方が新聞記者より国民の代表にふさわしい存在といえてしまう。そして彼らこそ、官房長官会見で自由に質問すべきだということになってしまう。

このように考えると、**「記者は国民の代表だ」とする東京新聞が、いかに自分たちだけが特権的立場でいるという前提に立ち、珍妙な論理を展開しているかがよくわかる。**

もちろん国民の知る権利に応えるため、記者は取材をしている。永田町でも若い番記者たちが走り回り、担当する政治家の一挙手一投足に注目し、その発言を一言も漏らさないようにメモを取る。それが資料としてまとめられ、分析されて報道となる。そうだとしても、「国民の知る権利に応えるべく取材する」ことは、「国民を代表する」こととは全く別だ。

なお、ジャーナリストで立正大学の徳山喜雄教授は2019年4月6日のウェブ論座「記者は『国民の代表』の役割を果たしているのか　溶解する権力と報道の境界、『令和』時代に『平成』の轍《てつ》を踏むな」で、「ジャーナリストとしてやるべきことをやらず、国民の側から『われわれの代表ではない』とそっぽをむかれたら、それこそ万事休すである」と述べている。

徳山教授は原発事故現場や戦闘地域などの危険地帯に行かず、フリーランスなどに下請けさせる大手メディアのあり方を批判したのだが、この批判は、「何が正義なのか」という中立的でかつ普遍的な機軸ではなく、「権力に反することのみが正義だ」という安直な正義感しかないジャーナリズムにも当てはまらないだろうか。

## 質問を制限されるのは自業自得だ

官房長官会見を混乱させた望月記者だが、そもそも何を目的に会見に参加したのか。望月記者が最初に官邸での官房長官会見に登場したのは、2017年6月6日午前の会見だった。この時、望月記者が質問した内容は次の8項目に及ぶ。

**①前川喜平元文科事務次官の辞任について、「文科省の再就職規定違反問題で、2017年1月に辞任を考えていた」とする前川元次官と「前川次官は3月いっぱいまで在任**

したいと申し出たが、それは無理だと断った」という杉田和博副長官の意見が食い違っているが、杉田副長官の意見を聞いただけでは足りない。再度確認してほしい。

② 加計学園問題についての文科省の文書を、検証できるように保存すべきではないか。

③ 審議会の人事について、菅官房長官らが政権批判の記事を書いている識者を差し替えるという噂については本当か。

④ 元TBSワシントン支局長の山口敬之氏が準強姦《ごうかん》罪で逮捕されるはずが、その直前に阻止されたが、長官は事前に知っていたのか。

⑤ 前川元次官のバー通いの例に見られるように、次官級の官僚の日頃の身辺調査や行動確認をしているのか。

⑥ 菅長官も女子の貧困調査のために出会い系バーに通ったらどうか。

⑦ 既存の大学では対応できないので「岩盤規制の突破」として加計学園に獣医学部新設を認めたが、大阪府立大学や京都産業大学の研究は進んでおり、その論理は適切ではないのではないか。

⑧ なぜ石破4条件を無視して、加計学園の獣医学部新設を決定したのか。

以上の8点についてだが、ひとつひとつの質問の書き起こしについては、拙著『記者会

見の現場で見た　永田町の懲りない人々』（青林堂）を参照していただければ幸いだ。あるいは会見の動画でご確認いただくのもいいだろう。望月記者が菅長官に出会い系バーでの調査を勧めたとたん、菅長官はそれまでも決して良い表情ではなかったが、露骨に嫌な表情になっているのがよくわかる。

もちろん記者は取材対象から好かれることを求める必要はない。聞きたいことを聞くことで、嫌われることも十分ありうる。実際に筆者も個人的には好きになれない取材対象もあるし、反対に筆者の質問にカチンときた取材相手もいたかもしれない。

だがこれは、マナーの話である。たとえばお菓子を「お好きなだけお取りください」と出されても、普通ならひとりが器ごと全部取ってしまうことはない。

もちろんわざわざ礼を欠いている発言で相手を怒らせて〝本音〟を引き出すのを売りにする場合もある。しかし、怒りから出た言葉は必ずしも真実であるとは限らない。そもそもそれはジャーナリズムではなく、単なる「ぶっ飛び芸」と言うべきではないだろうか。

もっとも望月記者本人も、菅長官が不愉快な表情をすることには気付いていないわけではないようだ。２０１９年４月５日の『ビジネスインサイダー』のインタビューでは、次のように述べている。

「政権が嫌がるようなテーマを持って取材し、質問することが気にくわなかったのかもしれません。周りが何を言っても菅さんが『俺はあいつが嫌いなんだ』と言っているという話を人から聞きました」

だがちょっとうぬぼれてはいないだろうか。政権が嫌がる質問は、望月記者の専売特許でも何でもなく、他の記者もけっこう頻繁に行っている。にもかかわらず、自分だけ特に嫌われていると思うのなら、その原因は何だと思うのか。

なお菅長官の周辺で、望月記者への対応をもっと親切にすべきなどと説得があったという話は聞いたことがない。異口同音に「菅長官に嫌われて当然だ」との声は十分すぎるほど聞こえてきたが。

# 第2章

# 報道を装った反日・反権力のその中身

## 不信感が増大を続ける日韓関係

日本と韓国は近くて遠い国だ。あるいは、「遠い隣国」と言うべきかもしれない。内閣府が2019年10月に調査したところによると、韓国に対して「親しみを感じる」が26・7％で、「親しみを感じない」が71・5％に上った。

もともと日韓両国の間には、元慰安婦問題や旧〝徴用工〟判決問題、竹島問題や日本海呼称問題など、歴史認識に関した問題が山積している。にもかかわらず、日韓両国は微妙なバランスでもって、友好関係を維持してきた。

それを大きく崩したのは、北朝鮮には全面的なシンパシーを寄せながら、日本には厳しい姿勢をとってきた文在寅《ムン・ジェイン》政権だ。

文大統領は2015年12月に当時の日韓両国の外相が苦心して到達した慰安婦合意を事実上あっさりと破棄し、左派系として知られる金命洙《キム・ミョンス》前春川地方法院院長を大法院院長に大抜擢することで、旧〝徴用工〟判決の日本企業の敗訴を導いた。

さらに2019年7月、安全保障上の懸念を理由に日本が韓国へのフッ化ポリイミド、レジスト、フッ化水素の輸出管理を強化し、翌８月に「ホワイト国」指定を外すと、文大統領はその対抗措置として、11月23日に期限を迎える日韓ＧＳＯＭＩＡの延長破棄を示唆した。

ＧＳＯＭＩＡとは軍事情報に関する包括的保全協定で、軍事情報を共有するとともに、第三国への情報流出を禁止するというものだ。日韓両国の間には軍事協定はなく、その代わりとなっているのがこの日韓ＧＳＯＭＩＡといえる。すなわち日韓ＧＳＯＭＩＡは日米韓軍事同盟の一角を形成しているということだ。

その一角がなくなるということは、東アジアに著しい不安定を招きかねない。結局はアメリカの〝説得〟でもって、日韓ＧＳＯＭＩＡは自動延長されたが、日韓両国の不信感は根強く残った。

## 日本は韓国にやられっぱなしだった

２０１９年12月24日には中国・四川省成都市で、１年３か月ぶりに日韓首脳会談が開かれた。冒頭で文大統領は、「韓国と日本は歴史的、文化的に最も近い隣人で、人的交流でも最も重要なパートナー」とし、「少しぎくしゃくしても、決して遠ざかることができない関係だ」と微妙な意味を含ませて述べた。そして「今日が両国の希望のきっかけになることを願う」とも言った。

その表情には、なんとか日本に妥協を迫り、貿易管理強化を止めさせたいという思惑が窺《うかが》えた。昨今の人気下落傾向に加え、その前日23日には、韓国検察が文大統領の側近だった曺国《チョ・グク》前法務部長官に対する逮捕状を請求した。さらに2020年4月には、韓国の総選挙が行われる事情もある。

ここでなんとか日本に妥協を迫らなければ、自分の政治生命に関わると考えたに違いない。メディアに公開された挨拶部分で、安倍首相が1分程度しか話していないのに、文大統領が3分も話したのはその証拠だろう。

会談予定は30分間だったが、15分延長されて45分間費やされた。会場を出た文大統領は、康京和《カン・ギョンファ》外交部長官と時折笑みを浮かべて話していた。一方で安倍首相は、眉間《みけん》にしわを寄せ、表情は明るいものではなかった。

この会談で日本が得るものはないだろう。しかし日本の見解を主張することはできる。ただし足をすくわれないようにしなければならない。過去にこんなことがあったからだ。

## 「二度と持ち出さない」と約束しておきながら……

そもそも日本は韓国にしてやられっぱなしだった。たとえば宮澤喜一《みやざわきいち》政権時の慰安婦問題がそうだ。

これは、当時官邸にいた知人から聞いた話だ。日本政府は、元慰安婦が主張した〝日本政府が関与した証拠〟を見つけようとしたが、彼女たちの証言やそれらに基づく新聞記事以外にどうしても見つけることができなかったという。

すると当時韓国の政権を担っていた金泳三《キム・ヨンサム》大統領側から、「認めてくれたら二度と慰安婦問題を持ち出さない」と宮澤内閣に再三言ってきたという。その結果として出てきたのが、当時の河野洋平官房長官による「河野談話」だ。閣議決定を経ていないため、あくまで私的なものだ。

しかしながら多くの人が懸念した通り、その約束は反故《ほご》にされた。日本政府が公式に認めたものではないのにもかかわらず、河野談話は慰安婦への関与の根拠とされ、いまでも日本を苦しめる一因となっている。

まさに2015年12月の慰安婦合意を文政権によって事実上破棄されたケースと酷似《こくじ》してはいないだろうか。日本人は歴史認識問題に対して甘すぎた態度をとったために、韓国を増長させたとしか思えない。

さらに熱心に慰安婦問題の報道を行ってきた日本のメディアにも大きな責任がある。とりわけ朝日新聞は、吉田清治氏（故人）の証言をもとに1980年代、木剣を持って「朝鮮人狩り」を行ったなどという記事を掲載。ウソを真実のように報道し、日本に「性犯罪国家」のレッテルを貼ってきた。

## 安易な左傾化は国を亡ぼす

慰安婦問題ばかりではない。1982年の教科書検定問題などは「日本は悪いことをした、いまだに悪い国だ」という思い込みから生まれた誤報だったのではないか。「悪いこと」とは、第二次世界大戦前にこうした地域に対して日本が進出した事実を指すが、果たして当時の国際社会においても現在においても、日本は100％の「悪」だったのか。

その一方、日本によって「侵略」された朝鮮半島や中国などは、常に「正義」といえるのか。ここで見てとれるのは、弱者への哀惜のような判官贔屓《ほうがんびいき》というものではなく、自国が敗戦国となったゆえの自虐観以外の何ものでもない。

そしてそれを自覚するように振る舞うことこそが、インテリである証拠と見なされる時代もあった。

もちろん敗戦直後には、そうした自虐観が社会に蔓延しがちであることは否定しない。敗戦はその国に厳しい結果を生み出す。そうした現実を目にしながら、反省をしない人などいるはずがない。

問題はそこで思考が止まってしまうことだ。そして日本のメディアは長らく思考停止のまま、世論を誘導しようとしてきた。その例が朝日新聞の慰安婦報道だった。

あの一連の報道が、些細《ささい》なミスや思い込みで作られていたことはもはや周知の事実だ。１９９０年代はまだ戦前戦中派がかなり生存していた時代で、朝日新聞社内にも戦時の体験者はいたはずだ。

にもかかわらず、たとえば「慰安婦」と「女子勤労挺身隊」は安直に混同されたため、「慰安婦」の数が膨大に水増しされた。そして日本がいかにいやらしい国であるかを世界に喧伝《けんでん》してきたのだ。

さすがに朝日新聞は2014年8月5日、これまで報道してきた慰安婦に関する報道に対する検証記事を掲載した。そこでは吉田証言を虚偽として記事を撤回し、9月11日には木村伊量《ただかず》社長(当時)をはじめ、編集担当の取締役が謝罪会見を行った。しかし第三者委員会がこれらを不十分としたため、同年12月に就任したばかりの渡辺雅隆社長が会見し、さらに新しく誤報として削除した記事を追加し、重ねて謝罪・訂正している。

だからといって、メディアの体質が根本から変わったとは思わない。もちろんメディアは基本的に、政権には懐疑的であるべきだ。だが常に反権力ではあまりにも思考停止になっている。果たしてそれで真実が、そして正義が追及できるだろうか。

## 「金委員長側の要求に応えて」

何が正義なのか、そして何が真実なのか。そうした懐疑的な視点は360度、どの方向へも向けられるべきだ。日本が常に間違っていて、韓国が常に正しいということはない。また北朝鮮が正しいということもありえない。

これは偏見ではなく事実である。北朝鮮は日本人を拉致し、核兵器とミサイルで日本を脅そうとしている国だ。しかも東アジアの不安定要因でもある。

しかしながら日本のメディアには、北朝鮮の核保有やミサイル保有について、まるで発展途上国が二酸化炭素排出の際に主張する「発展権」と同じようにとらえているところもある。あろうことか、官房長官会見でもその種の質問を見つけた。出てくるのは「金正恩委員長側の要求に応えるように」という驚くべき発言だ。発言者は東京新聞の望月衣塑子記者。それでは２０１７年８月31日午前の官房長官会見でのやりとりを見てみよう。

**【２０１７年８月31日午前の官房長官会見】**

**記者**「挑発的行為を止めさせるんだという長官の会見でご発言が出ておりますが、金正恩委員長が再三にわたってアメリカサイドに要求しているのが、21日から始まっている米韓合同演習で、２万８０００人の兵力を投入していますが、北朝鮮の基地を叩いたり、金委員長の斬首計画ですね、これを行ったり、またレーダーによる尾行をしないようにということを求めております。

こういうことを実際、アメリカが米韓合同演習で続けていることが、金委員長のこのＩＣＢＭの発射ということを促しているともいえると思うんですが、こういうことに対してアメリカ側もしくは韓国側との対話の中で、合同演習の内容をですね。**ある程度金委員長側の要求に応えるように、冷静になって対応するようにと。**そういう働きかけを日本政府はやってるんでしょうか」

**長官**「我が国としては対話と圧力、行動対行動。基本姿勢の下に、日米の強力な同盟の中で、国民の皆さんの安全・安心は守っていくと。万全な体制に取り組んでいます。その内容については、北朝鮮の委員長に聞かれたらどうですか？」

**記者**「北朝鮮とのパイプがないのでわからないのですが、いまのご発言ですとある程度演習内容についても北朝鮮側の要望に応えて冷静かつ慎重な対応にするように米韓サイドに日本政府としては求めているというご理解でよろしいですか」

**長官**「我が国としては、ありとあらゆる対応ができるように、万全の体制で取り組んでいるということです」

## 朝鮮総連の機関紙で北朝鮮を礼賛《らいさん》

このように質問した望月記者はまた、朝鮮総連の月刊『イオ』のインタビューに応じている。同誌が「記者の目」という連載を開始した、その〝記念すべき〟第1回での登場だ。そこで展開されているのは、安倍首相悪人説、そして日本という国への不信感だ。

望月記者は「本音では、国防軍を持ちたいと望む安倍首相からすると、強い軍備を持つことで一流先進国の仲間入りをしたいという認識はあるのでしょう」と述べているが、それは間違いだ。安倍首相は日本を軍事国家化することを望んではいない。

これはレッテル貼りに他ならない。もし安倍首相が本当に日本を軍事国家化したいと望んでいるなら、もっと早く憲法改正に着手したはずだ。ワイマール体制を崩壊させ、第二次世界大戦の導火線に火をつけたアドルフ・ヒトラーは、1933年1月に内閣を発足した後、3か月もたたない間に議会も憲法も形骸化させた。再軍備宣言をしたのは1935年3月で、1936年3月にはラインラントに進駐している。

それに比べて、もし安倍首相が本当に日本を軍事国家化したいと思っているのなら、その動きが緩慢すぎる。2015年に「平和安全法制」を整備したが、それだけでもって完全な軍事国家化とはいえない。軍事国家化には、国民を洗脳するシステムが必要だが、現行の制度では不可能だ。もっとも、愚かなメディアの的外れな主張で、国民がそちらの方に進む危険性があることは否定しない。

また望月記者がインタビューの中で言う「一流先進国」とは何なのか。望月記者の定義によれば、平和を望む国は一流先進国ではなくなってしまうのではないか。

さらに望月記者は外国人労働者拡大に関する入管法改正について、技能実習生が過酷な労働の下におかれている日本の現状については批判するのに、同胞がその意思に反して北朝鮮に連れ去られ、さらに過酷な状況に置かれている点は批判していない。

噴飯《ふんぱん》ものだったのは、「(私の息子が）将来就職した企業で最先端の防衛省との共同技術研究をさせられることになるかもしれない、そんな日が訪れてしまう日が来るかもしれない、という不安を抱いています」とのくだりだ。強制労働ならいざ知らず、就職先は本人が希望して決める。そういう職場を希望したのなら、それは本人の責任で、そうならないようにしたいのなら、親がそのように教育すべきだろう。

インタビュー記事とは別の「私と朝鮮」のコラムでは、「日本は過去に朝鮮を植民地支配し、現在の南北分断にも責任を負っている」と語り、「日朝間にも対話のチャンネルを作り、平和共存の道を切り開いていかねば」という思いで日朝議連の取材を続けていると述べている。

しかしながら日本が朝鮮半島を支配したという歴史はあるが、それと南北分断とは直接の因果関係があるのだろうか。これはよく韓国側に立つ反日勢力から聞こえてくる意見だが、むしろ歴史を忠実にたどるなら、朝鮮半島を南北に分断したのは連合国の思惑ではなかったか。さらにいえば、日朝に対話が生まれるかどうかの責任は、日本よりも北朝鮮側に存在する。安倍首相は「前提条件なき対話」を呼び掛けているではないか。

筆者は基本的に日朝関係が良好になることが理想だが、そのために日朝が全くの前提条件のない対話を行うのは意味がないと思っている。

筋道としてはまず北朝鮮の金正恩委員長が拉致被害者全員を帰国させ、死亡者がいる場合はその死因を明らかにして遺骨を返還し、その上で被害者家族全員に謝罪すべきだ。金委員長と安倍首相がこれからの東アジアの平和と繁栄について具体的に何をすべきなのかを話し合うのはそれからだ。

にもかかわらず、一方的に日本だけに負担を強いるのはフェアではない。そもそも究極的な人権侵害である拉致問題について眼中にないというのはどういうことか。平和というのは人権の尊重と表裏一体の関係ではないのか。人権を蹂躙《じゅうりん》した平和は存在するものなのか。

拉致被害者の人権侵害を救済せずして、日朝間の平和は実現するのか。そうした認識を欠いた主張を行うのがメディア人としての正義なのか。

## 安直な人権主義だけでは問題を把握できない

日韓関係に影を落とす元〝徴用工〟判決問題についてもそうだ。たとえば2019年9月3日、望月記者は次のようにツイートしている。

《太平洋戦争時の中国人の元労働者らの訴訟では2007年、最高裁が原告の訴え退ける一方で「精神的・肉体的苦痛大きい。救済に向けた努力を期待」と関係者に自発的解決を促し、西松建設が中国人労働者との間で和解した。何故、政府は、#徴用工 でも同じような道を取れないのか。》

これに次のようなツイートをかぶせたのは、共産党の志位和夫委員長だ。

《大事なやりとりだ。

望月記者が、中国人の強制連行の場合には和解したのに、徴用工問題で同じ方法をとれないのかと質問したのに対して、官房長官は答えられず。対中国で和解したのに、対韓国で和解できないという理由が説明できないのだ。被害者の名誉と尊厳を回復する解決を！》

しかし中国のケースと韓国のケースでは日本が約束した内容が異なる。1972年9月29日に北京で締結された日中共同声明によれば、「中華人民共和国政府は、中日両国国民の友好のために、日本国に対する戦争の賠償の請求を放棄することを宣言する」としているが、個人の請求権については中国政府は放棄しているとは言えないのだ。一方で韓国についてはどうか。

## 日本政府に対して個人請求権を行使できないその理由

2018年11月9日に立憲民主党（当時）の初鹿《はつしか》明博衆議院議員が提出した「日韓請求権協定における個人の請求権に関する質問主意書」に対して、政府は「第二条1において、両締約国及びその国民（法人を含む。）の間の請求権に関する問題が、完全かつ最終的に解決されたこととなることを確認し、また、同条3において、一方の締約国及びその国民の他方の締約国及びその国民に対する全ての請求権であって日韓請求権協定の署名の日以前に生じた事由に基づくものに関しては、いかなる主張もすることができない」と回答している。

また「御指摘の平成三年八月二十七日及び同年十二月十三日の参議院予算委員会における柳井俊二外務省条約局長(当時)の答弁は、日韓請求権協定による我が国及び韓国並びにその国民の間の財産、権利及び利益並びに請求権の問題の解決について、国際法上の概念である外交的保護権の観点から説明したものであり、また、韓国との間の個人の請求権の問題については、先に述べた日韓請求権協定の規定がそれぞれの締約国内で適用されることにより、一方の締約国の国民の請求権に基づく請求に応ずべき他方の締約国及びその国民の法律上の義務が消滅し、その結果救済が拒否されることから、法的に解決済みとなっている。このような政府の見解は、一貫したものである」と説明している。

背景を簡単にいえば、次のようになる。日韓が国交を正常化する際に日本政府が個人補償を申し出たものの、韓国が政府の代理受領を要求し支払われた。そこで日韓両国間、日本政府と韓国国民との請求権に関わる問題は、「完全かつ最終的」に解決されたのだ。

よって日本の最高裁は、人道的な立場で中国の元労働者と日本企業との和解を勧めることができるが、日韓の場合は不可能になる。日本の最高裁は法の番人として法を守る責務があるから、韓国の大法院のようにイデオロギーでは動かない。望月記者や志位委員長が主張するように、イデオロギーを重視するあまり、法を無視するというようなことはあってはならないのだ。

## 新聞労連の南委員長と一蓮托生？

このような望月記者の同志といえるのが朝日新聞の南彰《あきら》記者で、2018年9月から新聞労連委員長を務めている。南委員長は1979年生まれなので、1975年生まれの望月記者よりも4歳下だが、2人の関係は、南委員長が望月記者をある時は指導し、またある時はサポートしているように見える。

というのも、まだ南記者が新聞労連委員長に就任する前の2017年8月10日午前の官房長官会見では、2人が一緒に会見に参加して、まず望月記者が菅義偉長官を厳しく追及し、勢いが衰えた(疲れた?・)ところで南記者が望月記者に加勢。会見が終わった後も質問を繰り返し、望月記者に対する菅長官の態度を批判した。
この時の会見時間は31分だが、彼ら2人の質問だけでその大部分を占めたのだ。少々長いが、次にその箇所のみを抜粋した。これらが意味のあるやりとりかどうか、読者の皆さんにご判断いただきたい。

**【2017年8月10日午前の官房長官会見】**

**記者**「東京・望月です。昨日長崎で、核禁止に関する平和宣言が行われました。その場所に平和運動センターの被爆者連絡会の川野（浩一）議長が立ち寄られて、被爆者は到底いまの政府の姿勢を理解できないと。あなたはどこのどこの国の人ですか。私たちを見捨てるのですかと。核兵器禁止に対するいまの政府の姿勢を厳しく批判しました。
こういう状況でですね。いまの政府の行動に対する被爆者の方々の思いというものを、どういうふうに受け止められているのでしょうか」

**長官**「あのう、総理は昨日の発言の中でもですね。核兵器保有国・非保有国の隔たりを深めて、核兵器のない世界の実現をかえって遠ざける結果になってはならない。まあそういう思いの中で、ですね。核兵器のない世界という理想に一歩一歩近づいていくよう、現実的なアプローチが必要であります、こうしたことを申し上げたのではないでしょうか」

**記者**「東京・望月です。被爆者側の立場からすると、やはり被爆国である日本がミサイルの脅威ということを声高《こわだか》に言うだけではなく、こういう自らの核兵器に不参加の姿勢を表明して、積極的に核兵器廃止をリードしていくと。こういう姿勢に、いま政府の側はかなり飛ばしているのではないかと。その点はどのように……」

**長官**「そんなことはありません。総理はいま申し上げた通りです」

確かに核禁止に関する日本の姿勢は矛盾を含んでいる。日本は2019年12月12日（現地時間）に国連総会本会議で採択された「核兵器のない世界に向けた共同行動の指針と未来志向の対話（核兵器廃絶決議案）」を共同提出したものの、同時に可決された核兵器禁止条約の署名と批准を求める決議案については賛成しなかった。

核兵器廃絶決議の採択はこの時が26回目で、とりわけ2020年に開かれるNPT運用検討会議に向けて日本政府は意欲的な姿勢を示している。にもかかわらず、実際に核兵器禁止条約に消極的なのは、「アメリカの核に守られている」という負い目があるためだ。日本がアメリカの核の存在を否定できない理由は、ロシアや中国、北朝鮮の核の脅威の存在だ。日したがって、もしロシアや中国、北朝鮮からの核の脅威がなくなれば、日本はアメリカの核の傘の下にいなくてもすむことになる。そうなればもちろん核兵器禁止条約にも賛成しやすくなるだろう。

## 喧嘩腰の望月記者と援護射撃する南記者

もちろん被爆者にとっては、核のない社会の実現が悲願であるに違いない。それは日本という国家が追い求める理想でもある。

しかし前述したように現実にはなかなか難しいが、もし客観的な報道を求めるのなら、そういう事情を踏まえてなお、国として理想を追求すべきだという姿勢を示さなければならない。そうしたポジションから踏み外して、ただ被爆者の意見を代弁するだけでは、それは記者ではなく市民活動家だ。会見の抜粋に戻る。

（他の記者の質問が入る）

**記者**「東京・望月です。今日の閉会中審査なんですけれども、徹底した調査をしたはずですが、その聴取内容について『回答できない』というお答えが政府側から出ていると聞きます。

国会の場でですね、まず稲田さんが出てこないということで、世論から厳しい指摘が出ている中で、聴取内容について『答えられない』という回答が出ていること自体、国民に対する背信行為のようにも見えます。この点についてきっちり国民に対して説明責任を果たしていくと、そういう気構えというのは政府にあるんでしょうか」

**長官**「ですから今日、閉会中審査が行われているんじゃないでしょうか」

**記者**「はい、その中味が真相解明にほど遠い内容にとどまっていると聞いております。この点については、閉会中審査を開いたからいいのではなくですね。実際何があったのかをつまびらかにすると、そういう姿勢が政府にはないのではないかと見えるんですが、その点はいかがでしょうか」

**長官**「いま審査中ですよ。審査中の内容をわかって質問しているのでしょうか。小野寺大臣が丁寧に説明されていると思いますよ。いま審査中ですから（と言って、いらついているように左腕を振り下ろす）」

これもイメージ質問だ。中身に具体性はない。また本当に真実を明らかにしたいのなら、野党にも、「○○というふうに追及すべきではなかったか」などと質問すべきではなかったか。**ちなみに立憲民主党の会見でも国民民主党の会見でも、望月記者の姿をほとんど見たことがない。**フリーランスの質問権を封じていた（いまは解禁）共産党の会見には筆者は最近出ていないが、かつて参加していた時も見かけたことはない。もっともドキュメンタリーの撮影のために、望月記者は志位和夫委員長会見に参加していたようだが。

そして次に朝日新聞を参考に、東京新聞の望月記者が質問する。

**記者**「はい、東京・望月です。今日の朝日新聞の1面、朝刊トップに記載されております、2015年4月2日、首相官邸で当時の国家戦略特区を担当された柳瀬秘書官が、加計学園の渡辺事務局長と面会しているということが報道に出ております。これあの、首相の側近である柳瀬さんが渡辺さんと直にあって、その内容については獣医学部関係のことだというのは今治市の文書にも出ております。この点について政府としてはどのように受け止められていますか。この点、確認されましたか、まず……」

**長官**「あのう、国会で柳瀬さんが答えられた通りだと思いますよ」

**記者**「はい、東京・望月です。柳瀬さんは記録に基づく限りは記憶がなく、記憶の限りでは覚えていないということですね。しかし今日、朝日新聞さんが詳細に、面会した事実を報じております。これが事実かどうか、政府としてきっちり確認するつもりはないんでしょうか。お答えください」

**長官**「紙面にも、前に答えたのと同じだというふうに書いてあったんじゃないですか。よく読まれたら。そういう報道がされていますよ」

**記者**「はい、東京新聞です。**国民はですね、真実を知りたいわけです。**記憶も記録もないから答えられないという回答を政府が続けることが、いかに世論から不満や不信感を買っているか。そういうことに関する認識が極めて乏しいんじゃないかと思われます、いまのご発言をとっても。

これに関してもう一度、朝日新聞を受け留めて、愛媛県今治市に聞き取りするなどして、真相を明らかにするという姿勢はないんでしょうか。お答え下さい」

このあたりから官房長官と記者とのやりとりが質疑応答ではなく、喧嘩の応酬のように見え始める。そして望月記者や南記者の発言には、「国民」という言葉が目立つようになる。

国民からの授権も付託もないのにもかかわらず、彼らは自分を「国民の代表」と見なしているのだ。

**長官**「ご本人が答えたのが全てじゃないでしょうか（目をバチバチさせて、相当苛立っている様子）」

**記者**「はい、東京・望月です。ご本人が覚えていないと言うのであれば、他の方々からの聴取というのをご検討させるべきではないんですか」

これも「質問」ではなく「要求」だ。望月記者の「質問」に多くの人が違和感を感じるのは、キンキンとした声のトーンばかりではなく、記者の領域を越えているからだ。

**長官**「ですから、申し上げた通り、ご本人が答えられたのが全てであります」

（他の記者の質問が入る）

**記者**「東京・望月です。もう一度お聞きしたいと思います。2015年4月2日に柳瀬さんと渡辺事務局長がお会いされているという事実が載っとります。このことを真摯《しんし》に調べて頂きたいのと合わせまして、その2か月後にですね、今治と愛媛が国家戦略特区、獣医学部新設を国に申請しております。

改めてこの時期に、どうして安倍総理が柳瀬さんと渡辺事務局長の面会をゆるしているのか。このことについてのご記憶にないのか。もし安倍総理に記憶がないのであれば、関係者にですね、きっちり聴取していただきたいと思います。そういうことは、お考えでないという理解で宜しいですか」

**長官**「先ほど答えた通りであります」

ここまで答えると、菅長官の表情はうんざりを通り越し、むしろ疲労困憊している様子が見えた。これをチャンスとばかり手を挙げたのが、朝日新聞の南記者だ。加計学園問題について望月記者を援護射撃する。

**記者**「朝日新聞の南です。あの、加計学園の獣医学部新設に絡んでちょっとお伺いしたのですが、大学設置審の方が答申、当初は8月中に出ると言われた答申時期について、延期する方針を固めました。あのう、2か月くらい先になるのではないかという見通しも出ているわけですが、政権としては認可をするかしないかとの判断時期については、衆院の補選、10月の補選以降ということですか」

**長官**「まずですね。報道は承知しておりますけど、現在まさに大学設置学校法人審議会において、今月中の答申を目指して審議が行われている段階であって、審議会が保留を判断したとは聞いておりません。いずれにしても審議会においては、引き続き専門的な観点から、公平公正な審査が行われるものと承知しており、その結果を踏まえて政府としては適切に対処してまいります。これが事実です」

**記者**「朝日新聞の南です。あの先ほど出た2015年4月の、今治市と愛媛県の職員の方が首相官邸を訪問された件についてお伺いしたいのですが、いままで誰と面会したかということを確認できないということで、柳瀬秘書官が記憶にないということに合わせまして、面会の事前予約の紙がない、保管されていないということをおっしゃられていらっしゃいましたが、それ以外に入構を確認できるという書類というのは全くないんでしょうか」

**長官**「訪問者の記録が破棄されており確認できなかった。ここは国会で答弁している通りであります」

**記者**「朝日新聞の南です。記録がないということなんですが、たとえば森友学園の時に府の方が、近畿財務局の方と個別にヒアリングをして、その結果を調査報告として出された例もあるわけですが、これだけいろいろ疑念が出ている中で、官邸の職員の方、もちろん柳瀬さんは記憶にないとおっしゃられているのはわかりますけれど、それ以外にもいろんなスタッフの方がいらっしゃるわけですし、そこに対する聞き取り、あとは愛媛県や今治市への聞き取り。この点はどのように考えているのでしょうか」

南記者の質問は論理的で、望月記者の質問とはかなり異なった印象を受ける。声のトーンも落ち着いていて、菅長官をいたずらに刺激しようとはしていない。

## なぜか「国民」を代弁

しかしだからこそ、菅長官は警戒心をいっそう強くしている。決してしっぽを掴ませないぞとばかり、短い回答を心がけているようだ。

**長官**「これも国会において答弁した通りであります」

**記者**「朝日新聞の南です。まあ国会で答弁したという段階からさらにあったということが色濃くなっていっている段階で、政府として特に今治市の公文書の中では誰と面会したかと書かれていているわけですから、そこについて聞かないということは**国民の理解は得られない**と思うんですが、その点、改めて再調査するつもりはないのでしょうか。

**長官**「これもですね、国会答弁したと思いますが、これについて今治市に問い合わせたところ、今治市の業務に支障を及ぼす恐れがあるため、国会条例の趣旨に基づき、相手方の内容にはお答えできない。このような答弁をしているのではないでしょうか」

**記者**「朝日新聞の南です。今治市はそういうことですが、いま一番揺らいでいるのは日本の政府の信頼性が揺らいでいる状況で、いま一番危機的状況だと思うんですが。政府から今治市にお願いして、教えてほしいと頼むくらいの状況ではないかと思うんですが、その点いかがでしょうか」

**長官**「あのう、今申し上げた通りです」

南記者は自分には国民からの支持があると思い込んでいるのだろう。あたかも国民からその主権を付託されたかのような口ぶりだ。

　それに力づけられたのだろう、次に望月記者が復活する。もしかしたら南記者と望月記者は会見の前に、相互に質問をすることで菅長官を疲れ果てさせて追い詰めていくことで合意していたのかもしれない。

**記者**「はい、東京・望月です。関連しまして、再三にわたってですね、新たな事実がわかれば対応していきますという総理、そして長官の言葉が、非常にいまの会見の回答を聞くだけでも、全く言葉通りに、新たな事実が出ても「言った通りだ」と終わらせるのであれば、新たな事実が出ても何もしないという。そういう政府の姿勢に見えるのですが、そういうご認識はあるんでしょうか」

**長官**「全く違うじゃないですか。報道があったということで、何度も国会で審議され、それで本人が国会に出席してそのような答弁をされているんじゃないですか。それが全てじゃないですか」

**記者**「東京・望月です。答弁との矛盾が指摘されかねない事実が出ているわけですね。それについて答弁通りだという話は、**国民の側からしても理解しがたい**話を政府がひたすら言い続けているとしか見えません。もうちょっとですね。この件について真摯に調べる、そういう姿勢を出すべきだと思います。

合わせましていま審議中でありますが、今回の新設判断の保留という結果に関連して、報道にも出ていますが、高い教員とか、授業実習の設備が不足していると。もともとですね、教員の問題、加計学園側の内容というのは各種報道でも問題があると出ていました。

この点においても、しっかりとしたプロセス、議論がされていなかったからこそ、こういう時期にこういうような……」

これらは客観的な事実に基づく質問ではなく、望月記者の憶測や主観的な意見だ。感情に流されながら喋っているのがよくわかる。そして菅長官の苛立ちも限界にきたようだ。ピリピリした空気が伝わってくる。

**室長**「簡潔にお願いします」

**記者**「保留という話が出てくるのではないですか。本当にきっちり議論した上で、加計学園を決めたんでしょうか」

**長官**「あの、思い込みの質問をしないでください。まだ保留は出ていないじゃないですか。現在これ、まさに大学学校法人審議会において、今月中の答申を目指して審査が行われており、保留となったとそういう判断をしたとは聞いていません。

いずれにしても審議会においては、引き続いて専門的観点から、公正・公平な審査が行われる。それを踏まえて政府として適切に対応する、これが当然のことではないですか」

**室長**「次の日程がございますのでご協力をお願いします」

**記者**「関連しまして、速記録についても聞きます。梶山新大臣が、議事要旨の改ざんとかですね。一部加計学園幹部の出席を削除している等について批判を受けておりますが、詳細の議事録をはじめ速記録を廃棄したという回答をしております。過去に先日もご指摘を受けておりましたが、菅官房長官。野党時代に『議事録はもっとも基本的な資料です。作成を怠っていることは**国民への背信行為**であり、歴史的な危機に対処していることへの民主党政権の意識の甘さ、国家を運営しているという責任感のなさが如実に表れています』と厳しく指摘しております。当時のご自身のご見解と照らし合わせても……」

**室長**「簡潔にお願いします」

**記者**「速記録を破棄しているということういう態度がですね、**国民への背信行為**に繋がっていると、いうふうなご理解はないんでしょうか」

## 菅長官を騙し討ち？

これは望月記者の背後に（実際は左側の席に）鎮座する南記者が、8月8日の会見で聞いた内容だ。南記者の著書『報道事変　なぜこの国では自由に質問できなくなったか』（朝日新書）では、このように記されている。

私はその答弁を逆手にとって、記者会見で国民の疑問に向かおうとしない菅氏の姿勢を浮き彫りにすることが必要だと考えた。

2017年8月8日の記者会見。加計問題で国家戦略特区ワーキンググループの議事録の公開を拒むやり取りが続く中、私は「歴代の保守政治家は歴史の検証に耐えられるように、公文書の管理に力を入れてきた。ある政治家は『政府はあらゆる記録を残すのは当然で、議事録は最も基本的な資料。その作成を怠ったことは国民の背信行為』と記している。そのことを本に記していた政治家はわかりますか」と尋ねた。

「知りません」

都合の悪い質問にはまともに答えない菅氏に種明かしをした。

「官房長官の著作に書かれている。2012年に記したその見解と、いま政府で現状起きていることを照らし合わせて、忸怩《じくじ》たる思いはないのですか」

望月記者はこの時の質問を引用していたのだ。質問に対して菅長官は、次のように述べている。

**長官**「そのことについてですけど、どこで聞かれたでしょうか。私はこの場で聞かれた時に、具体的に何についてと言われなかったんです。これ5年前のことですけど。

私の本の中はですね、あの東日本大震災が起こった時に、政府が本部で何度となく会合を開いて、それに全くそうした議事録はなかったんですよ。だから1000年に1回という震災にあってですね、議事録がないのはおかしい。議事録を残すべきだというのは当然じゃないですか。

で、今回は残してるんじゃないですか。ルールに基づいて。それと全く同じような考え方なんて、事実関係は違うと思いますよ」

**室長**「次の日程がございますので、ご協力をお願いします」

**記者**「大震災について残すべき、本当に至極まっとうなご意見です。今回のことについても詳細な速記録、加計学園の説明補助者が削除された中、いいというのではなく、もともと記録があるものもあるはずです。それも含めてやはり、当時2011年にご指摘されていたように、全記録を詳細に説明補助者を省きゃいいのではなく、出すべきだと思わないんですか」

**長官**「それはまったく内容が違いますよ。よくご覧になって下さい」

**室長**「はい。有難うございました」

ここでいったん会見が終わるが、南記者が質問し始める。もっとも南記者が会見に出席したのは、これを聞くことが本当の目的だったようだ。

**記者**「すみません。2015年4月の訪問の件に関連してお伺いしたいのですが、一昨日の記者会見の中で官房長官、あのう、この『質問に答える場ではない』ということをおっしゃられたんですが、記者会見の場についてのご認識について、真意をお伺いしたいのですが」

**長官**「記者会見のことは記者会の中で決めていただくことになっていますので、私から答弁することは控えたいと思います」

**記者**「朝日新聞の南です。『質問に答える場ではない』というのは、これ官房長官がご答弁されていて、どういうご認識で記者会見についてこの趣旨の説明されたのですか」

**長官**「この場というのは、政府の見解について申し上げることです。私個人的なことについては、答弁を差し控えたいと、これは当然のことだと思いますよ。全てのことについて答える必要はないと思います」

**記者**「すみません、朝日新聞の南です。個人的なことをお伺いしているわけではなくて、まさに官邸で誰が会ったかということは政府が把握されていることですし、そこについては政府の見解、事実関係の調査内容についてお伺いしている中でですね、それに対して『質問に答える場ではない』とおっしゃられると、会見自体が崩壊してしまうと思うんですが、その点いかがでしょうか」

**長官**「そこは全く違うと思いますよ。どなたと会ったかということは、いまも答弁しておりますが、その通りじゃないですか」

そもそも南記者は菅長官に、望月記者への「質問に答える場ではない」という言葉を報道の自由を制限するものとして訴えようとしたのだろうが、それならば見事に菅長官に質問の趣旨を外されている。

むしろここは「個人的な質問ではなく、公の事項について質問している。それを答えてもらえないのでは、我々は報道ができなくなる。官房長官は報道の自由を軽視するのか」などと、原則に沿っての「報道の自由」に絞って簡潔に質問すべきだった。

## 〝身内同志〟の庇《かば》い合い

だが公益性を追及する報道の自由の追求という意味は、南記者にとってさほど大きくはなかったのだろう。後に詳述するが、そもそも南記者が本当に報道の自由を追求しているのかどうかは疑わしい。新聞労連委員長として日本マスコミ文化情報労組会議（ＭＩＣ）議長として、お仲間の権利擁護に邁進している。ここでいう「お仲間」とは、新聞労連委員長の職責として守るべき組合員などではなく、単なる気の合う仲間にすぎない。その結果、南記者の「お仲間」ではないフリーランスの権利については、「報道の自由」を追求する都合で、ほんの申し訳程度に口先だけで胡麻化《ごまか》している。だから同志である望月記者が質問を拒否された仕返しに質問しただけなので、真髄に迫れなかったのではないか。

そういえば当初から、南記者は望月記者をベタ褒めだった。望月記者について、東京新聞の政治部の記者でさえ嫌がっていたのに、手放しで褒めている。たとえば２０１９年12月８日に神戸市長田区で開かれた「Ｉ（アイ）女性会議ひょうご」での講演だ。

「２０１７年６月８日に、基本的には政治部のメンバーが仕事をしている官邸の記者会見場にやってきてですね。23問、加計学園の問題だったり、伊藤詩織さんの問題だったり、んまあ、いくつか政権を巡る疑惑を追及したのですが。まあ23問という異例の追及をして、官邸の方からはあのう『同じ質問は止めてください』と言って、止めにかかる動きもあったのですが、『きちんと答えていただいていないから聞いているんです』ということで質問化されて、その様子が夜のテレビのニュースなんかにも報じられる形で、結局ようやく１か月近くずっと否定し続けてきた文書について政府が再調査し、文書の存在を認めて。まああの、長官にすれば非常も手痛いミスをしたことが発覚したという状況がありました」

南委員長はこのように得意げに述べたが、その実態はどうなのか。

【2017年6月8日午前官房長官会見】

**記者**「東京新聞の望月です。すみません、話題は変わるんですが、今日の週刊文春の記事なんですが、まあその取材によりますと、前川前事務次官の告発の問題でですね。読売新聞が〝出会い系バー〟を報じた前日に、現役の文科省の初等中等教育局長の藤原さんからお電話で、「秘書官（補佐官の間違い）の和泉さんが会いたがっている」というお話があり、まあそのことをちょっと考えさせてくださいと回答していた、同じタイミングで読売新聞さんの取材も入ったと。翌日に〝出会い系バー〟の報道が出たというのがありました。このことについて、和泉補佐官は文春の取材には否定しているんですが、菅さんは何かご存知でしょうか。」

**長官**「本人が否定するんですから、その通りではないですか」

**記者**「つまり藤原さんからの……」

**長官**「名前を言って下さい」

**記者**「すみません。東京・望月です。藤原さんからの働きかけは……。えー、藤原さんに和泉さんから働きかけをして、会いたいという働きかけはしていないと」

**長官**「私は承知していませんけれど、本人が否定するのならその通りと思いますよ」

**記者**「すみません、東京新聞・望月です。そもそもですね。この〝出会い系バー〟通いについては杉田副長官が昨年の秋に注意しているということですが、これ前回、調べさせているのかということについて承知はしていないというご回答だったと思いますが、杉田さんはこういう記者会見がないので、その時期になぜ前川さんのそういう行動が把握できたのか。これ官邸は基本的にいまの全省庁の事務次官の行動確認等を行っているのかどうか。

これまた、たまたまだと思うんですが、同時期に読売新聞さんの社会部さんも取材しているということで、これなにか読売新聞さんの取材との関連性があるのか、について承知していないということなんですけれど、杉田副長官に確認して、実際になぜこの時期にそういうことを知りえたのかお聴き願いたいんですが」

**長官**「全くいま言われているのは、私は失礼な話だと思います。行動者に対してもですね。

そこは直接そちらに取材されたらどうですか。私が答える立場ではありません」

菅長官の言うように望月記者の質問が「失礼」であるのかどうかはさておき、この件については菅長官よりも、実際に前川元次官に〝出会い系バー〟通いを直接注意した杉田副長官に聞くべきことではないだろうか。杉田副長官の記者会見はないが、取材を申し込めばいい。それも拒否されれば、官邸から退出する際を狙ったり、自宅で待ち伏せする方法もあるだろう。

## 劣化した追及力

いったいなぜ菅長官に「杉田副長官に聞いてくれ」と頼むのか。社会部の記者として「様々なスクープ」をとってきたのなら、直接に相手に当たるのが原則ではないのか。官邸で官房長官に質問すれば全てが出てくると信じているなら、全くおめでたい話だ。

**記者**「東京・望月です。公文書管理についてですね。この文春さんに出ているんですが、福田康夫元首相もですね、今回、安倍政権の公文書管理というのはなってないと。森友の件も加計の件もそうで、保存のために作った法律を廃棄の根拠にしていると。官僚もどこを向いて仕事をしているのか。国民のことを蔑《ないがし》ろにしているのではないかというふうに出ておりますが、公文書管理の取り扱いについての、要は加計文書の告発が相次いでいるのですが、いまや前川さんだけではなく、複数の方の告発が報道等でいっぱい出ております。現状ですね、このことについてもう一度真摯にお考えになって、文書の公開、第三者による捜査というのはお考えじゃないですか」

**長官**「あのう、そこについてはですね、我が国は法治国家ですから、法律に基づいて適切に対応していると、このように思います」

**記者**「東京新聞です。望月です。すみません。昨日、民進党の質問等にも出ていますが、匿名で出所が明らかではないというものは調べられないというご回答を頂いておりますが、公益通報者保護法のガイドラインを見ても、匿名による通報についても可能な限り、実名による通報と同じに取り扱うように努めると。このように出ております。

法治国家ということであれば、保護法のガイドラインにそって、この文書があるかないのかを、やはり真摯に政府の方で調べるということをやっていただけないかと思うんですが」

**長官**「まずは民進党の方から文書の提示があって、それについて文部科学省の方で調査をした結果、文書は確認されていないという報告があります。それとその上で、様々な指摘を踏まえて文部科学省において検討した結果、出所や入手経路が明らかにされない文書については、その存否や内容などの確認について調査を行う必要はないと判断したと、こういうふうにも承知しております。これ、2回目のやつですよね。で、現在もそうした状況には変わらないものと考えておりますが、いずれにしろ文部科学省においてこれは考えられるものだというふうに思います」

これもまたなぜ政府に「調べろ」と求めるのか。調べていない理由を聞くならわかるが、こうした調査をメディア自身は行わないということなのか。それともできないということなのか。また国会で野党の質問に対して「不可能だ」と答弁されたものを、会見での記者の痴劣な質問で覆せるとでも思っているのだろうか。新聞メディアは、そして新聞記者はここまで劣化したのだろうか。

**記者**「すみません、東京新聞・望月です。その、共有ホルダーになかったというご回答が政府から出て、その後に共有ホルダーにあって、現在も複数の文科省の職員がこれを持っているという匿名の告発が出ているんですね。

それ以降、もう一歩踏み込んで、本当に共有ホルダーがあったかないかを、文科省や政府ではなくですね、第三者によって適切に調べていただきたいと思っているんですが、これはどうでしょう」

**長官**「あのう、そこはですね。文部科学省の方でですね。いろんなことがあった後にその指摘を踏まえて検討した結果ですね。その存否や内容などの確認の調査の必要はないと判断をしたと、そういうふうに報告を受けています」

**記者**「東京新聞・望月です。判断をしたのは文科省だというお話ですが、松野大臣に質問を集中していますが、基本的にですね。取材をしている限りでは、もう文科省の判断というよりも、やはり官邸の最高レベルである安倍総理であり、官房長官の菅さんの判断がなければ、（長官は苦笑いして下を向く）ここに踏み切れないのではないかと。ということで私にはもう文科省が判断したというよりも、安倍総理や菅さんたちがこのように判断していることではないかしらと思うのですが、どうでしょうか」

**長官**「(笑顔が消え)そこはありえません。それぞれ役所において判断すると。それにつきます」

すでに官邸の最高トップが判断したのだと思うのなら、なぜその前に「第三者に調べさせろ」と言うのだろうか。質問の整理が全くできていないのではないだろうか。それにもかかわらず、このような質問を絶賛する左派はやはり「反権力＝正義」という短絡的な価値基準のみで動いているとしか思えない。

## 意味のないやりとりが続いていく

そのような考えが蔓延する社会では、全くお粗末な民主主義しか育たない。その先にあるのは、本物の民主主義の死ではないだろうか。

**記者**「もうひとつです。加計学園に絡んで、前事務次官が1月5日に松野大臣に辞意を天下りの関連で表明をしたと話しております。そこで松野大臣が杉田副長官にそのことを伝える許可をいただいて、杉田副長官にその趣旨を伝えに行ったという報道です。
前回の質問では、杉田副長官がその時に、つまり『3月の定年までいさせてくれ』と言って、それ以外の複数の証言を得ているということを、官房長官はお話ししたと思うんですが、たぶん松野大臣と杉田さん以外に関係者はいらっしゃらないように思うんですが、複数というのなら公人であるならば、どなたがそう言ったか教えていただけませんか」

**長官**「あの、複数であることはもちろん承知しております」

**記者**「望月です、すみません。どなたが、杉田さん以外に。松野さんはこのことについてはノーコメントと言っておりまして、菅さんのお話も前川さんのお話も、どちらについても言えない。板挟みかなという状況で」

**長官**「(苦笑して)いえいえ」

**記者**「では松野大臣は官房長官には辞意を表明したのではなく、『3月までいさせてくれと前川さんが言っていた』というふうにお伝えしているんですか」

**長官**「この件について大臣と直接話していません。ただいずれにしろ、そういった人事については、前捌《まえさば》きを事務の副長官、そして人事のところで行っていますので、そういう中で私に報告があったということです」

**記者**「すみません、望月です。そうすると、杉田さん以外にどなたがそのような前川さんが辞意を伝えてきたのかという名前を出すことはできないということですか」

**長官**「もちろん私承知していますけれど、まずですね。定年延長について1月上旬に文部科学省の方から打診があったことは事実です。これ1月上旬です。さらにいえば、定年延長の話があった後に、前川氏本人から副長官に対して、『せめて3月まで続けさせてほしい』という話があったと。このことは昨日国会で聞かれたものですから、申し上げております」

**記者**「文科省の方から打診があったということですが、これは誰から打診があった……」

**長官**「前川さんがよく知っていらっしゃると思います。宜しいですか、もう」

**記者**「いえ、まだ。加計ではないので。加計じゃない話で」

（他の記者の質問が入る）

**記者**「関連です。さきほどから何回も聞いておりますけれど、これ政府が作ったですね、公益者通報制度の保護の法の精神に、つまり匿名などのものは、出所不明は扱えないというお話は、その精神に反するのではないかと。そのことについていま適格なご回答をいただけていないので、ご回答いただけますか」

**長官**「いま私が申し上げた通りです」

**記者**「東京新聞です。ウソだとは、さきほど文章についてはウソだとは言っていないという発言。これ初めて聞いたと思うんですが、これ一番初めに出た時に、『怪文書』というふうに厳しくご指摘されておりました。これ広辞苑で引きますと、無責任で中傷的、暴露的、出所不明な文書と。非常に強いまあ、つまり本物ではないという言い方をされていたと思うですが、現在この文書についてウソだとは思わない……」

**長官**「（右手を挙げながら）ちょっといま分けてください。私がいまウソだと思わないと言ったのは、この間、メール文書だと証言されましたよね。告発文ですか。みなさんに行っていますよね。それについて文部科学省で検討した結果、出所、入手経緯が明らかにされていない文書については、その存否や内容などの確認の調査を行う必要がないと判断したと。こういうふうに私、申し上げております。現在もそういう状況に変わりない」

**記者**「東京・望月です。繰り返しですけれど、この文春の調査でも、現在『前川の証人喚問が必要だ』が86％。内閣の支持率は22％というところまで。これ確か、日経のオンライン調査でもこのくらいの数字が出ております。つまりこの、調査の必要がないということ、これはジャパンタイムズさんの話と同じですが、政府の姿勢がですね、国民の理解を得られていないと。そこが、まあ一番最大のポイントだと思うんですが。これ政府側の、文科省側の回答が、つまり国民にとって全く納得できないものになっていると。このことについて菅官房長官はどうお考えですか」

**長官**「ですからそれは法律に基づいて適切に対応していると（そっぽを向く）」

メディアとは取材で事実を掴むものだと信じていたのだが、政府に調査を求めることがメディアの義務なのか。

そして次の質問は決して聞き捨てならないものだ。

## ポロリと出た人権感覚の浅さ

**記者**「すみません。話題変わりまして、東京新聞の望月です。元TBSのワシントン支局長だった山口さんの準強姦事件での不起訴不当ということで、検審（検察審査会）に申し立てをした詩織さんの関係での質問です。詩織さん以下、関係者等々取材を続けておりますが、もともと高輪署で準強姦の逮捕状を取り、それを現役の刑事部の刑事のオッケーをとり、警視庁1課の本部にも事前に根回しをし、警視庁の広報にも根回しをしていた上で、6月に帰国する、成田に帰国する山口さんを待ち伏せしていたところ、菅さんの元秘書官である中村格さん、当時の刑事部長さんが『逮捕をするな』ということになり、任意での聴取に切り替えたというところでした。

これですね、私は15年くらい事件取材しておりますが、いままで警視庁の本部の広報までしっかり根回ししていた事案が、時の刑事部長お1人の判断で簡単に覆るということは……」

**室長**「質問は手短にお願いします」

**記者**「すみません、聞いたことがありませんでした。このことについていま菅さんがどうお考えになっているか、お聞かせいただけますか」

**長官**「まずいま名前が出ましたけれど、その方は私の秘書官ではありましたけれど、民主党政権の中でも秘書官をやっていたということを、私はご指摘をしたい。私は内容について全く承知しておりません」

**記者**「事前に中村さんからのご相談等はなかったという理解で宜しいでしょうか」

**長官**「（むっとした表情で）それはありえるわけないでしょう（顔をそむける）」

**記者**「はい、わかりました。すみません。東京新聞です。元経産省の古賀茂明さんが書かれた『日本中枢の狂謀』というとこの77ページに、2015年の1月23日にI am not Abe発言を古賀さんがされた際に、その報道ステーションの番組を菅さんと一緒に見ていたこの中村さんがですね」

**室長**「質問は簡潔にお願いします」

**記者**「あ、すみません。電話を、それを見た直後に当時のテレビ朝日の報道センター長に電話を入れて、電話が出なかったのでその後、ショートメールで『古賀は万死に値する』と送ったという記述がありました。これ、当時、菅さんがその場にいたという記述になっているんですが、ご記憶等はございますか」

**長官**「(疲労感を漂わせて)全くそれはデタラメです。そんなこと、ありえない(首を横に振って)。一緒にテレビを見ることなんかありえないでしょ」

**記者**「なるほど……」

**長官**「それと、先ほどの捜査の中でですね。警察署で行われている捜査に関して、警察本部が適正捜査の観点から指導を行うというのは通常あることであると聞いています」

**記者**「はい、はい。東京新聞です。それは通常あることでありますし、時の中村さんが

『これは問題だ』と、トップの判断が非常に大きく影響したのはわかるんですが、関係者を取材していますと、**なぜこのくらいのまあ、ある意味ひとりの人の準強姦という軽微な事件で、ここまでのストップがかかったのかと。**これはやはり被害者の詩織さんが一番心を痛めております。逮捕されようがされまいが、逮捕した上で捜査を尽くして……」

この**「このくらいのまあ、ある意味ひとりの人の準強姦という軽微な事件」**という発言は見過ごすわけにはいかない。そもそも準強姦罪（現在の「準強制性交罪」）の法定刑は懲役5年以上の有期懲役刑（よって懲役20年以内）で、決して軽いものではない。相手が抵抗できない状態かあるいは抵抗が著しく困難な状態に乗じて行う卑劣な行為だ。性的暴力は相手の身体のみならず人格を傷つけ、「魂の殺人」とも言われている。絶対に「軽微な事件」とはいえないものだ。

しかもひとりだから刑事的に軽く見ていいわけはない。望月記者の頭には、個人の法益を害する犯罪よりも内乱罪のような国家に対する犯罪、騒乱罪のように社会に対する犯罪の方が重いという考えがあるのかもしれない。しかし騒乱罪は最も重い首魁《しゅかい》でも、その法定刑は1年以上10年以下の懲役または禁錮で、準強制性交罪には及ばないのだ。

そもそもひとりひとりの人権を尊重しない社会は民主主義国家とは言えない。もしそのような観点がないのなら、メディア人としての資質が疑われる。

**室長**「たびたび申し上げますが、回答に必要な質問だけでお願いします」
**記者**「やはり十分な捜査をするには、きっちり身柄をとった上で調べるというのがやはり本筋だったのではないかと思いますけど、中村さんの判断に特に問題はないというお考えということで宜しいでしょうか」
**長官**「まずですね。私はそれについては全く承知しておりません。そして警視庁において必要な捜査が尽くされ、また検察庁で不起訴処分になったと。こういうことであります」
（他の記者の質問が入る）
**記者**「すみません。東京新聞です。ちょっと加計に戻ります。石破4条件について満たされていると2日前の質問の際にいただいていますが、当の石破さん自身はこの4条件が適切に満たされていないんじゃないかという回答を各種報道の取材に答えております。意見の相違があるんですが、どう思われますか」
**長官**「それはその、4条件が満たされるということを、それは国家戦略諮問《しもん》会議で認めて、当然3大臣が検討しているわけですから、それに尽きるだろうと思います」

**記者**「東京新聞です。当時まあこの4条件を設定された石破さんが満たされていないと言っても、現在の大臣である山本大臣が満たされていると。需要についても『神の見えざる手がある』という不可解なことをお話しておりますが、その山本さんが満たされているという理解だからこそ、これは満たされていると」

## 「きちんとした回答」とは何か

なぜ石破氏が4条件を満たさないと言うのか。それは石破4条件の成り立ちを知っていれば解ける話だ。

石破4条件とは、石破茂氏が地方創生担当大臣の時に決定した原則で、獣医学部新設のためには(1)新たな分野のニーズがある(2)既存の大学で対応できない(3)教授陣・施設が充実している(4)獣医師の需給バランスに悪影響を与えない、という4つの条件を満たさなくてはならないとするものだ。産経新聞の取材によると、この条件は蔵内勇夫日本獣医師会会長と北村直人日本獣医師政治連盟委員長に衆議院議員会館の石破氏の事務所内でまず提示されており、獣医師会の既得権益を守るための政界工作の結果とされた。

**長官**「いや山本大臣の他に、文科大臣も農林水産大臣も、３大臣で決定されたことですよ」

**記者**「はい、東京新聞・望月です。また出会い系バーなんですけれど、前回、『教育者としてあるまじき』という文章。これちょっと、文書を読み上げているように見えたんですが、この文章は菅官房長官の個人的なご見解ということでしたが、文書にしたためていらっしゃるんですか」

**長官**「私自身がそう心から思っていることを申し上げたに過ぎない」

**記者**「東京新聞です。文書を読み上げるように見えたのですが、文書にしたためられたのは、官房長官ご自身がそれを……」

**長官**「あなたに答える必要はないと思いますよ」

（他の記者の質問が入る）

**記者**「はい。東京新聞。出処不明を繰り返されておりますが、それは現役の職員の方が自分の身の危険を冒しても告発に出ていると思うんですが、しかも複数です。

これをもしどなたかが実名での告発に踏み切った場合、適正な処理をしていただけますか。それからその方の公益通報者保護制度の精神に基づいて、きちんと保護された上で、その実名の方の意見というのを聞き入れていただけるのでしょうか」

**長官**「あの、仮定のことについて答えることは控えたいと思いますけど、いずれにしろ文部科学省でそこは判断をする、こういうふうに思っています」

**記者**「東京新聞・望月です。仮定とかではなくて、出所不明だから調べられないと繰り返されていますけれど、じゃ、出所を明らかにして私が現役の職員であり、このメールはありましたということをどなたかが勇気をもって告発をされた場合に、それはその方の話をもとにきちんとした調査を行っていただけるかどうかなんですが」

**長官**「ですから、仮定のことに応えることは控えたいと思いますが、そうしたことをいま申し上げておりますから、文部科学省においてそこは判断をすると。そのことに尽きるんじゃないでしょうか」

**室長**「同趣旨の質問をお控えていただけるようにお願い申し上げます」

**記者**「何の質問ですか、すみません。聞こえません」

**室長**「同趣旨の質問を繰り返して行うのは、やめていただきたいと思いますので、お願いいたします」

**記者**「**きちんとした回答をいただけているとは思わないので、繰り返して聞いています**。すみません。つまり……。すみません、東京新聞です。つまり出所が明らかに、どなたから告発に至っても、いまのご回答だと、政府としてそれを真摯に汲んで調べるかどうかは、回答保留というか、回答できないというご回答ですね。それ以外に……」

**長官**「仮定の質問に答える立場にありません。いずれにしろ、文部科学省において考えられる。このように思います」

そう述べて望月記者は、最初の官房長官会見から、その多くの時間を独占した。そしてその多くは問題提起にすらなっていなかった。

「**きちんとした回答をいただけているとは思わないので、繰り返して聞いています**」

この言葉を南委員長ら望月記者擁護派が絶賛しているが、果たして記者の質問としていかがなものか。

というのも、「きちんとした回答」か否かは、望月記者が決める。客観的に質問と噛み合わないために再質問するのは良いとして、単に回答に納得いなかったために質問を重ねるのはどうだろうか。言い換えれば、自分の納得する答えが出るまで質問するということだ。しかし期待する答えが存在しない場合はどうするのか。またなぜきちんとした回答を得られていないのか、どうすればきちんとした回答をもらえるのかという省察もない。

そこにあるのは独善にとらわれた自我のみだ。なぜその姿勢が賞賛されるのだろう。反権力なら何でも許されるのなら、メディアほどお手軽な商売はない。

# 第3章

# 『新聞記者』はプロパガンダ映画だ

## 無知な国民を洗脳するための映画？

2019年にヒットした邦画のひとつに映画『新聞記者』が挙げられるだろう。6月28日に封切りされたこの映画の動員力は、主としてネットによるものだった。ツイッターでは賞賛のツイートが相次ぎ、関心を引いたようだ。

中には意図的に映画を過大に賞賛し、宣伝するツイートもあったようだが、おおむねは実際に映画を見た感想だった。そしてそれらの感想を読めば、なぜそこまで多数の人が賞賛していたのか、その理由が理解できる。

映画を見た人の多くは、あの映画がノンフィクションで、描かれているものが政治の現状そのものだと信じ込んでいるのだ。そしてあのヒロインの姿が新聞記者の真実の姿だと思っているのだ。

一方、永田町ではあの映画はほとんど無視された。霞が関では知名度こそ高かったが、評価は散々だった。理由は簡単だ。官僚は、政治の現場も行政の何たるかも知っている。現実の政治はあの映画のようなものではありえないということは、ひとめでわかる。何よりもあの映画には、本編を見るまでもなく、奇妙なほど大量に安倍政権への批判要素が投入されていたことが明らかだった。

端的に「フェイク映画だ」と言い放った官僚もいたほどだ。

## 参議院選を狙った公開日

そもそも6月28日という公開日の設定自体、政治的な意図が色濃くにじみ出ていた。この日は第25回参議院議員通常選挙の公示日に当たる。参議院選挙にぶつけ、その結果に影響を与えることを、いかにも意識した設定だ。

映画の公開日を決めた人は、これでもって安倍政権の悪いイメージを流布させ、参議院選で自民党に大敗させることを狙っていたに違いない。少なくとも次期衆議院選挙で政権交代を実現できるくらいの道筋をつけることを望んでいたはずだ。

確かに参議院選挙の結果、自民党は9議席を減らして57議席を獲得した。単独過半数が叶わず、参議院では公明党の議席数を合わせても憲法改正に必要な総議席数の3分の2を満たすことができなくなった。

しかしながら筆者は、自民党が負けたとは思っていない。そもそも自民党は2013年の参議院選で勝ち過ぎていた。そのおよそ半年前の2012年12月、自民党は民主党から政権を奪還したばかりだった。あの時は本当に、永田町の空気が大きく変わったことを覚えている。そしてそのムードが続いた。民主党政権の後遺症は非常に大きかったのだ。それがいまだになくならないため、安倍政権の「1強」が7年以上も続いたのだ。

## ヒットの要因はキャスティングか

それでも筆者が映画『新聞記者』を鑑賞したのは、この映画がどれだけ事実を描き、そしてどれだけフィクションで膨《ふく》らませているのかを確かめたかったからだ。そしてこの映画を見た人たちが、本当に感動しているのかどうか、またどのような印象を受けたのかをこの目で見たかったからだ。

8月21日の夕方に入った有楽町の映画館では一番小さなシアターで上映されており、客席は半分ほど埋まっていた。

さて感想を一言で言うなら、「そこそこヒットした韓国映画」という印象だ。それは主人公に韓国人女優をキャスティングしたせいかもしれない。シム・ウンギョンの所作《しょさ》のひとつひとつは、日本人のものとは違っていた。

だから主人公の設定を「日韓のハーフ」にしたのかもしれない。その前提なら、日本語が多少怪しいとしても言い逃れができる。だが当初、ある有名日本人女優がヒロイン役にキャスティングされるという噂があった。

結局それが叶わなかったのは、その有名女優のスケジュールが合わなかっただけかもしれない。あるいは映画の政治色が付くのを恐れたのかもしれない。それとも何らかの「圧力」があったのかもしれない。

もし筆者が女優なら、あえてそのオファーは受けないだろう。確かに話題作であったが、ヒットするかどうかはわからない作品だった。それに女優生命を賭けてまで受けるべきものなのかどうか。

結果的にシム・ウンギョンが主役の女性記者・吉岡エリカを演じることになった。

１９９４年生まれのシム・ウンギョンは、中学時代に岩井俊二監督の『リリィ・シュシュのすべて』（２００１年）や是枝裕和監督の『誰も知らない』（２００４年）を見て日本映画に関心を抱き、日本への進出を希望していたというから、吉岡エリカ役に飛びつくのも当然だ。

実際にシム・ウンギョンの演技はなかなか良かった。内面にのめり込みすぎたり、挙動不審な雰囲気などが気になったが、おそらくあれは、新聞記者だった父を亡くしたトラウマを抱えているという役作りだったのだろう。また周囲が見えない直情型の新聞記者の姿もよく描かれていた。

もうひとりの主人公とも言うべき外務官僚（内閣調査室に出向中）・杉原拓海役を演じた松坂桃季《まつざかとおり》も素晴らしかった。人気俳優である彼を見るために、映画を見た女性ファンも多かったと聞く。もっとも映画というのはそういうものだ。何よりも松坂桃季のキャスティング自体が映画への注目度をぐんと高め、話題作りに寄与したことは間違いない。

## 現実の挿入《そうにゅう》はジャパンライフ詐欺に通じる

ただストーリーの内容は、いかにも「大衆の受けを狙ったエンターテインメント」というものだった。現実に話題になった事件をもじったストーリーを登場させ、既視感で大衆を惹きつけるという手法だ。

国家戦略特別区域に指定された獣医学部設置をめぐる加計学園問題や、元TBSワシントン支局長の山口敬之《のりゆき》氏から性的暴力を受けたと訴えた写真ジャーナリストの伊藤詩織さんの事件を盛り込むことで、観客にフィクションではなくドキュメンタリーを見ているような錯覚に陥らせる。劇中の生物兵器研究の大学設置に関与させられた官僚の飛び降り自殺は、近畿財務局職員が自殺した森友学園問題からヒントを得たのだろう。いずれも安倍官邸が積極的に関与し、事件をもみ消したと疑われていた問題で、新聞や雑誌で報道され、テレビのワイドショーも何度も取り上げて広く知られていた。

さらに劇中に東京新聞の望月衣塑子記者や前川喜平元次官を登場させ、政権批判のシーンを入れることで、その〝リアリティ〟は高められていく。

「内閣調査室についてはよく知らない」と述べている前川元次官が「内調というのは得体のしれない組織だ」と発言すること自体、内調陰謀論の信ぴょう性を高めていく。映画というフィクションの中に事実を紛れ込ませることによって、洗脳していくという手法だ。

そもそも人間というのは100%明らかなウソには騙されにくいが、その中に巧妙に事実を織り交ぜると、そのリアリティが虚偽に真実性を与えてしまうということがある。巧妙な詐欺とは事実をうまく取り入れているものだ。

こうしたストーリーの中に現実を差し込んで、より現実味を増すという手法は、ジャパンライフの詐欺商法にも通じるものだ。ジャパンライフは被害者にマルチビジネスの話をもちかける中で、山口隆祥《たかよし》元会長に送られてきた安倍晋三首相主催の「桜を見る会」の招待状の写真を差し込んだ。

実際に写真を見せられた被害者は、「会長が安倍首相と近いと信じたからジャパンライフを信用した」と、野党が行ったヒアリングで述べている。

## 着想はデマから始まったのか

とりわけ加計学園問題については、映画の脚本は悪意で揶揄《やゆ》したとしか思えない。映画の中では大学新設問題は、政府が生物兵器開発に転用しうる研究施設であることになっているが、それを企むのが内閣調査室で、内調はネット情報を操作することで世の中の全ての悪だくみの根源になっているという想定だ。

実際に2017年6月ごろ、「加計学園の獣医学部は生物兵器の研究拠点か」という悪質なデマがネットで流れていた。第二次世界大戦期の731部隊問題やCIAによる陰謀説と絡めて、根拠はないがまことしやかに国家の極秘情報のように拡散された。

またあるコメンテーターがこの陰謀論を地方のラジオ局で話したことも、ネットで拡散される原因になったようだ。

だがもし今治市に新設された加計学園の獣医学部が本当に生物兵器の研究拠点だったのなら、もう少しまともな形で噂が流布《るふ》されたに違いない。

実際に加計学園の獣医学部新設問題で批判の対象となったのは、映画の設定とは正反対で、設備のお粗末さだった。当初はバイオセーフティレベル3あるいは4の病原菌研究施設を建設するという計画だったが、実際には必要な防御設備すら不十分な状態で、安全性に問題がありすぎた。

それればかりでなく、設計図にワイン保管庫の設置が描かれていたなど、そのお粗末さに追及する野党側も呆れ果てたほどだ。

## 推測と憶測と想像が混ざったフィクション

おそらく映画の脚本が書かれた時に、このように流布されていた陰謀論が影響したのではなかったか。しかし常識ある人間なら、ここで違和感を抱くに違いない。
実際に宣伝会議の『アドタイ』というサイトで、放送作家で戦略PRコンサルタントの野呂エイシロウ氏も、この映画についての感想を次のように書いている。

「なんだろう?なんだろう?この映画の違和感は……」。例えばベトナム戦争時の機密文書を扱った映画『ペンタゴン・ペーパーズ』のように、真実をベースにした物語とは違う。この映画は現実社会の出来事と、推測と憶測と、想像が混ざったフィクションである。

これは筆者の受けた印象とほぼ同じだ。『ペンタゴン・ペーパーズ/最高機密文書』を見た時のような現実に直面した重苦しいハラハラ感はなかった。「政府と対峙して事件を暴くために、ワシントンポスト紙の記者たちはどう動いたのか」という前向きな知的好奇心も、『新聞記者』では沸いてこなかった。
『ペンタゴン・ペーパーズ/最高機密文書』では、夫を亡くしたために新聞社経営に携わらざるを得なかったメリル・ストリープ演じるキャサリン・グラハムの苦悩と葛藤、そのグラハムにニューズウイーク紙から引き抜かれたトム・ハンクス演じるベン・ブラッドリーのアクの強い存在感が際立っていた。

ブラッドリーが社内のメールボーイにお金を渡し、スクープをとったライバルのニューヨークタイムズ紙に潜り込ませたところなんぞ、見ていてハラハラすると同時にワクワクした。

ところがそうした緊張感が、『新聞記者』では伝わってこなかったのだ。

映画に登場する架空の新聞社・東都新聞の編集部として撮影に使われたのは、東京新聞の編集部だ。本物の新聞社で撮影されているのだから、臨場感は十分のはず。なのに、実際の新聞社の現場と撮影側の思惑が乖離《かいり》しているとしか見えなかった。

## 『シン・ゴジラ』のリアリティと比べてみる

また『新聞記者』のリアリティは、2016年に公開された『シン・ゴジラ』にさえ、遠く及ばなかった。『シン・ゴジラ』は政治の現場を描くことを主眼としていない。

しかし『シン・ゴジラ』は製作に防衛省と自衛隊、海上保安庁、東京消防庁の他、立憲民主党の枝野幸男代表、小池百合子東京都知事らが協力。防衛大臣を務めた小池知事は余《よ》貴美子《きみこ》が演じる花森麗子防衛大臣のモデルとされた。そういえば花森の話し方や態度など、まるで小池知事のコピーそのものだ。

東京湾に現れた巨大不明生物についてどう対処すべきかについて開かれた閣議では、いずれも「さもありなん」と思えるシーンが連続した。

最も笑えたのは、この生物の正体が何であるのかを決定するため、官邸が古代生物学者、海洋生物学者、そして生物学教授を集めて「巨大不明生物の学術的正体等に関する緊急有識者会議」を開くシーンだ。ゴジラはどんどん進化し、いまにも東京の中心部に迫ろうかというのに、官僚主義ゆえにひたすら行政上の手続きにこだわる姿勢の滑稽《こっけい》さがよく出ていた。

結局この会議では、「巨大不明生物」の学術的正体は明らかにされず、無駄な会議だったという点も、妙なリアリティがあった。この箇所は映画の中でも観客が大笑いすべきところで、かつ制作側からの政府批判として作られたものだったに違いない。

しかしながら、そんな『シン・ゴジラ』についても、行政の現場にいる人間から見れば、疑問を抱かざるをえない点があったようだ。筆者が映画を大絶賛すると、ある官僚はぽつりとこう言った。

「しかし首相と官房長官を同時に避難させ、死亡させることは、現実ではまずありえませんよ」

確かに国家セキュリティの観点からいって、ナンバーワンとナンバーツーを同時に移動させることはありえないが、ここはそうした「ありえないが、もしかしてあるかもしれない危機」を制作側が描きたかったのかもしれない。総理大臣臨時代理にはいかにも呑気《のんき》そうな農水大臣が就任したが、ゴジラへの熱攻撃が行われる前にこのようなセリフを吐く。

「避難とは住民に生活を根こそぎ捨てさせることだ。簡単に言わないでほしいなあ」

東日本大震災を連想させる言葉が朴訥《ぼくとつ》とした大臣の口から出ると、「被災者へ寄り添う気持ち」がじわじわと感じられた。こうしたことが『シン・ゴジラ』が大ヒットした要素なのだろう。

なお疑問点といえば、アメリカ国務省の大統領特使のカヨコ・アン・パタースンを演じた石原さとみの英語力もそうだった。

カヨコは日本人の祖母を持つ日系3世で、アメリカ上院議員の娘という設定だ。才色兼備のカヨコは友達の家でパーティーを楽しんでいたが、大統領からの指令を受けてそのまま来日。パーティードレスの上にコートをひっかけた姿が、いかに慌ただしいものだったかが窺える。

そして着替えすら持たなかったためにカヨコが次のように尋ねるのが、いかにもアメリカの合理的な若いセレブっぽい。

「ZARAはどこ?」

このセリフは庵野秀明監督の夫人である漫画家の安野モヨコ氏のアイデアらしいが、ハイブランドとカジュアルブランドをうまく着回す最近の欧米のセレブリティの現実をよく表している。

しかしいくらアメリカが移民の国であっても、名門出身、40代で大統領になることを目指している設定にしては、あの英語力ではやはり無理がありすぎなかったか。

## ネット世界の取材だけで真実にたどりつけるか

一方で、見る前からプロパガンダ臭がプンプン漂っていた『新聞記者』は、実際に見ても現実の世界とはほど遠いものだった。もっともこの映画は現実の政治を描くということを目的としているのではなく、「反政権」というプロパガンダのために作られており、そのために政治が細切れに利用されたにすぎない。

にもかかわらず、現実を知らない人たちは、これが真実の政治の姿だと思いこんでいるようだ。だから、ネットで流布され、感動のコメントが散見されたのだ。

だがちょっと待ってほしい。あの映画が真実を描いているのなら、新聞記者はネットの世界に浸り込み、取材の材料をそこから得ていることになる。シム・ウンギョンが演じる吉岡エリカ記者のパソコン画面に入ってしまいそうな表情は、バーチャル世界と現実を全く区別していないようにしか見えない。

言い換えれば、もしこのような姿勢が〝報道のあるべき姿〟であるのなら、報道とはまさにフェイクニュースの発信そのものになってしまわないか。

そしてバーチャル世界に生きる記者は、自分の誤りに気付く術《すべ》を見つけられなくなるのではないか。

しかし映画を見た人たちの中で、どのくらいがその危険性に気付くだろうか。というのも、ほとんどの人は政治の現場を見たことがない。だから理解の前提としての比較対象を持ちえない。

そして映画の世界に引き込まれ、ストーリーの合間に挟まれるリアルな記者や元次官による〝実話〟によって、現実とフィクションが混濁してしまう。

この映画はそうした観客の無知に付け込んでいるものなのだ。

## 報道倫理観が欠如している

そのように感じながら、この映画をウンザリした気分で見ていた。見る前は良い意味で予想外であることを期待したのだが、期待は見事に外された。

だが最後のシーンだけは仰天した。プロモーション動画にも出てくる、シム・ウンギョンが演じる吉岡エリカが走り、官邸前の交差点で松阪桃季が演じる杉原拓海と向き合うというあのシーンだ。

生物兵器研究所設立のスクープを出したものの、後追いする他のメディアに追い抜かれそうになる。焦った吉岡はネタ元の杉原に実名を出すことでさらに衝撃的な記事にすべく、杉原が勤める内調に向かう。政府のやり方に疑問を抱いた杉原は、生物兵器研究所の情報を吉岡に密かに渡し、協力者になっていた。そして杉原は「自分は実名を出してもいい」とも伝えていた。

しかしいくら本人の了承があったからといっても、実名報道が本人にとってとりかえしのつかない事態を招く危険性がある場合、報道人としてまた人間として、それは絶対出すべきではない。名前を出せばそれで杉原の官僚生命は終わってしまうのだ。

そもそも「自分の名前を出していい」という杉原の言葉は衝動的な正義感から出たものであることは明らかで、決して熟慮の結果ではなかった。松坂桃季の演技からもわかるが、杉原は本音を言っていたのだろうが、本当に腹をくっているという覚悟というものは感じられなかった。

にもかかわらず、吉岡は自分のスクープをより価値のあるものにするために、その言葉を思い出し、実名報道の許可を得るべく杉原のところに急ぐ。しかしその前に現れた杉原は、上司から取材に協力したことがバレて、すっかり憔悴《しょうすい》していた。子供が生まれたばかりの杉原は、あらためてその責任を実感したのだろう。

そのような杉原の様子に、巨大な組織に官僚の良心が飲みこまれてしまったことを知って、唖然《あぜん》とする吉岡。映画は国家権力という危険な怪物をあの表情で表したつもりなのだろう。

だが筆者はこの構図に吉岡とは違った意味で唖然とした。全く安っぽいのだ。

もし映画『新聞記者』の最後のシーンが真実を語っているとするならば、それは政治という巨大な権力が正義を求める新聞記者や一部の官僚を押し潰すという姿ではない。軽はずみな正義ではとても政権には太刀打ちできないという、非常にわかりやすい現実に相違ない。

映画『新聞記者』のキャッチコピーは「この映画を、信じられるか」だが、**この映画をあたかもノンフィクションのようにいうのなら、映画「007」シリーズもドキュメンタリーになってしまう。**もっともこの映画が意図せずに描いてしまった事実については、信じてもいいだろう。

## 誰もが『新聞記者』に覚える違和感

さて映画に対する違和感を覚えたのは筆者ばかりではない。『ハフポスト』記者の石戸諭《いしどさとる》氏も似たような印象を抱いたようだ。

石戸氏は2019年9月21日にコラム「賞賛だけでいいのか？リベラルが絶賛する『新聞記者』に感じた現場からの違和感」をアップした。

石戸氏の違和感をまとめると、①主人公の吉岡エリカの取材プロセスの描写がないこと、②いとも簡単にスクープをとれるように描写されていること、③社会部記者である取材方法にリアリティがなかったこと、④ラストシーンに「信義則違反だろう」と突っ込める箇所があったことになる。

ほとんどが筆者の感じた違和感と重なっており、**「政権批判さえしていれば記者の役割を果たしていて、満足だという人たちは拍手喝采だとは思う」という点も全く同感だ。**言い換えれば、この映画が報道というものをいかにも薄っぺらいものとして描いているということになる。

## 敵である内閣調査室の描き方が正確ではない

映画『新聞記者』は内閣調査室（内調）を世論を操る悪の根源として描いているが、実態を描いているものではない。

もっとも内調はよく「日本版ＣＩＡ」と言われてきた。ＣＩＡが国内外で様々な諜報活動を行うため、内調も同じようなものだと勘違いされている。

しかし内調にはアメリカのＣＩＡほどの権限も人員も予算もない。内閣のＨＰによれば、「内閣の重要政策に関する情報を収集・分析して官邸に報告し、官邸の政策決定と遂行を支援する官邸直属の情報機関」とされる。

日常の仕事は新聞や雑誌の記事の整理や、個別のメディアから情報収集することだ。選挙になれば調査のために地方に飛ぶ職員もいる。

しかしながら、内調が日本全体を網羅的に把握しているとはいいがたい。たとえば筆者が昔『デイリースポーツ』に連載をしていた時、内調のある職員に「すみません、我が社（内調）はデイリースポーツをとっていないので、安積さんの記事の掲載紙は個人的に購読しています」と言われたことがある。

あくまで予算の都合だったのか、当時の内調には阪神タイガースのファンがいなかったのか。確認する意味があまりないと思ったので、それ以上は追及しなかったが。

とはいえ、メディアとの情報交換は極めて大きな力を持つ。時折「官邸発のスキャンダル」と言われるものが出てくるが、そうしたルートで交わされたものだろう。

だが内調がネットにより世論操作をしているというのは、噴飯もののフィクションだ。ネットが世論に影響を与えることはままあるが、ネットによって意図的に世論を形成することは難しい。

それで世論が容易に動くなら、マカオや香港を除いて全国的にネット検閲を行っている中国などは、もうとっくに世界を制覇していてもおかしくない。

ブロガーの石動竜仁《いするぎたつひと》氏も２０１９年7月21日に『文春オンライン』での「賛否両論の映画『新聞記者』が悪い意味で虚実ないまぜだった件」で、「内調は各省庁からの出向者が大半を占める組織で、やがて外部に戻ることが確定しているスタッフにこんな工作をさせるだろうか。そもそも、世論工作について、外部から出向してきた官僚達は素人だ」と書いている。

また個人が見るネットの世界は極めて狭い。ネットではおおむね自分が見たいものしか見えていない。ある左系メディアに在籍していた知人がかつてこう言ったことがある。

「安倍政権が支持されているなんて、信じられないなあ。（その知人の）ツイッターに出てくるツイートは安倍批判ばかりだから。本当はみんな、リベラルなんだろ？」

## 力まかせの追及は報道といえない

このように映画『新聞記者』の中で悪の化身として描かれている内調は、事実から乖離したものにすぎないが、主人公の吉岡エリカが、それをさらに膨らませている。ネットを取材の対象とし、内調陰謀論を現実化しているのだ。

そしてその巨悪に向かって、吉岡エリカはまっすぐに突っ走る。

この映画の原案は官房長官会見でガンガンと質問する東京新聞の望月衣塑子記者の著書だから、それはまあ仕方ないことかもしれない。突っ走りがなければ、原案とイメージが乖離しすぎてしまう。

しかしながら「自分の正義が唯一の正義」という思い込みで力まかせに問題を追及しても、解答は得られるものなのか。限界いっぱいに膨らませた巨悪に向かってやみくもに突っ込んでいっても、いったい何が得られるのか。それは風車に向かって戦いを挑んだドン・キホーテと変わらないのではないだろうか。吉岡は幸いにも、杉原という内部の協力者を得た。しかしこれはフィクションだ。現実なら吉岡は敬遠され、排除される。

扉をドンドン叩きさえすれば、自分の望むものが出てくるわけではないのだ。叩けば叩くほど相手方はさらに扉を固く閉じてしまうにちがいない。

**実際に望月記者は、菅義偉長官の心の扉を固く閉ざさせてしまったのではなかったか。**

このように見ていくと、映画『新聞記者』の「この映画を、信じられるか」というキャッチコピーには、後ろ暗い空々しさしか感じられない。

## 『i―新聞記者ドキュメント―』は2匹目のどじょう狙いか

続いて11月15日に封切りされた『i―新聞記者ドキュメント―』だが、このドキュメンタリーでも映画『新聞記者』と同じ、正義のために事実を一生懸命に取材する主人公とそれを阻もうとする悪役というわかりやすい二極構造になっている。前者は望月記者であり、後者はその〝天敵〟といえる菅義偉官房長官だ。そして監督を務めたのは、オウム真理教を題材にした『A』や続編『A2』などを制作した作家の森達也氏だ。

「何度も言いますよ！」

「答えられないほど恥ずかしいことをしないでください！」

30秒の予告編では、望月記者が官僚に激しく迫っている。その声を聞き流し、伏し目がちに黙って車に乗り込む官僚は、まさか自分のその姿を使われることになるとは想像だにしていなかっただろう。その直後の画面に出てきたのは、「『フィクション』を越えた衝撃の『リアル』！」の文字だ。だが果たしてその姿は「リアル」なのか。

## 『KITTE』前に菅長官がやってきた

実はその撮影のワンシーンに出くわしたことがある。参院選真最中の2019年7月10日、菅長官は仙台市など東北地方を遊説する予定だったが、その前に東京駅前の商業施設『KITTE』の脇で丸山和也候補の応援演説をすることになっていた。

予定時間の少し前に行くと、NHKや朝日新聞、時事通信などの番記者が数名待っていた。彼らは常に菅長官の側にいて、その動向をレポートしているが、選挙応援のために全国を飛び回る場合にも、ぴったりと随行しているのだ。

そういう意味では彼らと取材目的が異なる筆者は少し離れて、街宣車の上にいる丸山候補の演説を聞いた。

かつては『行列のできる法律相談所』（日本テレビ）のレギュラーメンバーとして知名度も高く、人気もあった丸山候補だったが、2007年の参議院選で27万2348票を取って初当選して以降、テレビ出演がめっきり減った。2013年の参議院選では15万3303票と大きく個人票を減らしたが、自民党が躍進したため14位に滑り込んだ。しかし2019年の参議院選での個人票は5万8587票まで減少し、落選している。

しかし丸山候補と親しい関係にある菅長官は、なんとか応援したいと思ったようだ。まさに分刻みのスケジュールの合間の応援演説だった。

## 菅長官を待ち伏せした望月記者

その菅長官の到着を待っていた時、ふと横を見ると、望月記者がいつものキャリーバッグを手にして立っていた。

しばらくして東京駅方面からカメラなどの機材を持った男性がやってきた。髭を生やして眼鏡をかけ、短パンを履いたその風貌は、新聞社の社員のようには見えなかった。

「ドキュメンタリーを撮影していたようだから、そのカメラマンじゃないのか」

後で知人が教えてくれた。なんとすっかりスターではないか。映画『新聞記者』がヒットしたということだから、おそらくは二匹目のどじょうを狙ったものだろうが、生身《なまみ》の望月記者は、どれだけの関心を呼ぶのだろうか。

その後間もなく見た予告編では、取材に答えず、無言で車に乗り込む官僚を怒鳴りつける望月記者の〝雄姿〟が映されていた。怒りに震えるその姿は、「正義」そのものに見えないこともない。しかし取材する側からすれば、あれは正当な方法ではない。

新聞社などの組織を背景に持たない筆者は、取材において時折、理不尽を経験する。批判ではなく単に見解を聞こうとしたにすぎないのに、事実上の取材拒否をされたりするのだ。しかもそのほとんどが、与党ではなく野党の議員だ。

そういう時はもちろん腹立たしい思いでいっぱいになる。しかしそこで相手に怒りをぶつけても仕方ない。こちらが怒ったからといって、相手が反省するわけがない。せいぜい「変な奴だ」という目でしか見られないのがオチだ。

むしろその怒りは記事を書く時まで温存しておくべきだ。そして相手が正当な理由がなく取材拒否をしてきたのなら、そのような態度を二度ととる気が起きないくらい、徹底してやってしまえばいい。

銀行内部の不正に立ち向かう主人公を描いたドラマ『半沢直樹』では、「倍返しだ！」の決めゼリフが流行したが、そのようなものではとても足りない。まともに答えるつもりがないのなら、人生をかけて償っていただこう――そのくらいの気持ちで次に挑む。書く力の源泉となるエネルギーは、大きければ大きいほどいい。

もっとも望月記者だって、取材相手にいつもいつも怒りをぶちまけているわけではないだろう。

あれは『.i―新聞記者ドキュメント―』の映像に残すため、見栄えよく演技したに違いない。

## 望月記者が見逃したハプニング

さて東京駅前で行われた丸山候補の街宣シーンは、『.i―新聞記者ドキュメント―』でも使われている。望月記者はしばらく黙って演説する菅長官を睨みつけていたが、そのうち横断歩道を渡り、道路を挟んで眺めていた。またスマホを取り出して演説の様子を撮影してもいた。

菅長官はそれに気付いていたのかもしれないが、気に留めない様子だった。淡々とした2人の間に、冷たい火花を見た思いがした。そういえばこの日の東京は最高気温が25度で、数日間、低温が続いていた。猛暑が当たり前になっている昨今の気象としては、ちょっと珍しく涼しい日だった。

なお演説を終えた菅長官が、街宣車を降りて東京駅に向かおうとした時、ちょっとしたハプニングが起こっている。横断歩道を渡ろうとした菅長官の前に母親と思われる女性に連れられた小さな男の子がいて、なぜか大泣きしていたのだ。

信号が青色になるのを待つ間、菅長官はその男の子をなだめるように手をさし伸ばそうとしたが、その子には長官はおよそ眼中にないようで、ただひたすらに泣き続けていた。母親らしい女性が、「ほら、長官よ」と言ってみたが、その男の子は長官に見向きもしなかった。

さすがの菅長官も苦笑いしかできず、そばにいた人たちも思わず笑みをこぼしていた。なにげないがちょっと面白いエピソードだった。選挙戦ではこうした場面をいくつも見ることができる。普段ならなかなか交流できない政治家と有権者が出会うのが選挙である。そこで現れる政治家の人柄が、有権者の判断材料のひとつとなっていく。

もちろんこのシーンはあの映画には使われてはいない。

## 官邸内がダメなら、官邸前の道路で撮影

官僚を相手にして怒りをぶちまける望月記者と、何も言わずにただ演説を眺め、遠くか

ら菅長官の姿をスマホにおさめる望月記者。これは動と静とメリハリをつけているつもりなのだろうか。

いや違うだろう。東京駅前の街宣の現場には、数名の官房長官番記者と筆者がいた。そこで下手な真似はできないと思ったに違いない。

というのも、菅長官に食い下がる映像がどうしてもほしかったようだ。たとえば森達也監督自身が、官邸での官房長官会見に参加を希望している。

事前に申し入れたものの、あっけなく断られたようだ。もちろん条件を満たさないと、会見には参加できない。

そこで官邸前で警備している警察官に、森監督はカメラを回しながら「入れないかな」と聞いてみる。もっとも警官には官邸への入館許可を出す権限がない。ただ通行資格のある人間を通すのみだ。そんなことを言われても、困惑するだけだ。

その様子が撮影されている。おそらくは「閉ざされた官邸」のイメージが重なっていくのを狙った手法だろう。

そこに望月記者がやってきて、「やはり入れないでしょ」と森監督に声をかけた。そして大きな声で電話をかけて、官邸を警備する警官から注意される。官邸内に入れないのなら、官邸前の公道がスタジオということだ。

## 望月衣塑子の宣伝ドキュメンタリーか

いったい『i―新聞記者ドキュメント―』は何を描こうとしたのか。プロデューサーの河村光庸《みつのぶ》氏は「数万人が見るのでは意味がない、数十万人にも見てほしい」と述べたが、いったい何を見せたかったのか。

それは彼らが思うところの「政治」であり、その「環境」だろう。そのためのアイコンが望月記者ということになる。

防衛省大臣会見を開放のために尽力しているフリージャーナリストの寺澤有氏は、『i記者ドキュメント』が描かなかった記者クラブ」（インシデンツ）で、試写会の後での神保哲生氏と話したことについて、次のように描いている。神保氏は『ビデオニュース・ドットコム』を主宰者で、この映画でインタビューを受けていた。

それによると、実は神保氏はインタビューで「望月を首相官邸の記者会見から排除する云々の話は、記者クラブの中のコップの中の嵐の話。もともと首相会見に出られないフリーランスの中には、望月程度の質問をする人間はいくらでもいる」と話したそうだ。しかしその言葉は映画には使われていない。

これについて、神保氏は「望月の価値、ひいては映画の価値が下がるから、使えないのだろう」とも言ったという。なんのことはない、このドキュメンタリーは使い勝手のいいアイコンによって、虚構の政治の世界を作ろうとしていたわけだ。

これではフェイクニュースに他ならない。そもそも彼らの言う報道の自由とは何なのか。フェイクニュースを流して扇動し、いたずらに政府を倒す運動に駆り立てることなのか。

そうしたものに踊らされているだけの記者なら、報道の自由を担えるはずがなく、国民の知る権利に資することもない。それは民主主義にとって有害であり、不要な存在だ。

# 第4章

# 「報道の自由」を騙《かた》る反日・反権力の新聞労連

## 中国政府から取材制限を受けた産経新聞

2019年12月24日に中国・四川省成都市で開かれた日中韓首脳会談で、産経新聞の記者2名に記者証が発行されなかったことが明らかになった。

翌25日の会見で菅義偉官房長官は産経新聞記者の質問に対し、「ご指摘の取材アレンジについては中国側に対し、公平な取材機会が提供されるよう、累次にわたり申し入れを行いましたが、最終的にはご指摘のような形になったものと承知しております。政府としては表現の自由を含む自由、基本的人権の尊重、法の支配は国際社会における普遍的な価値であり、いかなる国においてもその保障は重要であり、そうしたことをしっかりと訴えていきたいと思っております」と述べている。

共産主義に対して強い論陣を張る産経新聞は、中国政府にとって目の上のこぶのような存在だ。産経新聞は1967年9月には北京支局長が追放され、98年9月まで中国内での支局の開設は禁じられた。また2014年3月に開かれた全国人民代表大会では、李克強の内外記者会見からも産経新聞は締め出されている。

報道の自由が侵されているのだ。当然、日本の他のメディアは一致団結して立ち上がらなくてはいけないはず、なのだが……。

新聞労連のＨＰを覗いてみたが、これについての声明は出ていなかった。南彰委員長のツイッターもひたすらテレビ朝日系の『報道ステーション』の大量派遣切りを批判するばかりで、この件について一言も触れていない。もっとも産経新聞は新聞労連に加盟していないので〝管轄外〟なのかもしれないが。

## 新聞労連は日本最大のメディア労組

さてそもそも新聞労連（日本新聞労働組合連合）とはどういう組織なのか。その前身は戦後間もない１９４６年10月に結成された日本新聞通信（放送）労連に始まるが、これが１９５０年に再結成し、全国紙やブロック紙、地方紙などさまざまな86組合が参加したものだ。いわば新聞労連は日本最大のメディア労組になっている。

その活動は、組合員の雇用を守り、共済活動をすることで、各新聞社の労働条件の情報交換なども行っている。また国際ジャーナリスト連盟（ＩＦＪ）やユニオン・ネットワーク・インターナショナル（ＵＮＩ）にも加盟し、国際的にもジャーナリズム運動を展開している。

さらに放送・出版、印刷、広告など関連マスコミの労働組織とも共闘して日本マスコミ文化情報労組会議（ＭＩＣ）を構成し、その議長組合をも務めている。すなわち新聞労連はマスコミ労組を牛耳る組織といえるのだ。

その新聞労連の新聞研究部は２０１０年３月４日、「記者会見の全面開放宣言」を打ち出した。その前年８月には政権交代が起こり、民主党政権は記者会見に大手メディア記者のみならず、フリーランスをも受け入れた。政党が開く幹事長や政調会長の会見の他、各省庁の大臣会見のいくつかも開放された。

それ以前にも１９９４年の「提言　記者クラブ改革」や、２００２年の「21世紀の記者クラブ改革にあたって――私たちはこう考える」などを作り、記者会見の開放を主張していたが、掛け声だけでいっこうに実行されなかった。

新聞労連が「記者会見の全面開放宣言」を公表したのは、そうした事情を背景にしていると思われる。すなわち、これまでは口先できれいごとを述べるだけのうやむやですましていたが、時代の流れとしていやいやながらも記者会見の開放を認めざるを得なくなったということだ。

「本来ならば記者クラブ側が主体的に会見のオープン化を実現すべきでしたが、公権力が主導する形で開放されたのは、残念であると言わざるをえません。さらに、政府の動きに比べて、記者クラブ側は総じて積極的に素早く対応しているとは言えません。一般市民、記者クラブに加入していないメディアやジャーナリストからみて、記者クラブ、ひいては私たち新聞人自身が開放に抵抗していないか、問いかけなければなりません」

一見するとまっとうな内容に見えるこの文章は、ある意味で特権側にいた大手メディアの本音を表しているものだ。その証拠に、**この時もそしてこれ以降も、フリーランスへの会見開放は進んでいない。**記者クラブ、新聞人自身は、公に開放に抵抗していないが、開放には全く積極的ではない。

現在その新聞労連のトップである委員長を務めるのは、朝日新聞の南彰記者だ。当然MICの議長も兼任する。

南委員長は望月衣塑子記者と仲が良いようで、新聞労連委員長就任前には一緒に官房長官記者会見に参加しているのを何度か見たことがある。そして南委員長はいまでも望月記者の最大の援護者ともいえるのだ。

## 長官会見でのバトルはなぜ始まったのか

そもそも菅義偉官房長官と望月記者とのバトルが大きく知られるようになったきっかけが、新聞労連が２０１９年2月5日に発表した「首相官邸の質問制限に抗議する」という声明だ。

これは２０１８年12月28日に内閣官房総理大臣官邸報道室長の上村秀紀氏から内閣記者会に対して出されたペーパーに対して、「明らかに記者の質問の権利を制限し、国民の『知る権利』を狭めるもので、決して容認できない」と厳重に抗議したものだった。

では12月28日のペーパーの内容とは何なのか。

きっかけは12月26日の会見で、望月記者が普天間飛行場を辺野古基地に移設するための埋め立て工事で使用する土砂は、民間業者の仕様書に「沖縄県産黒色がんずり」とあるにもかかわらず、工事現場では赤土が広がっている、この対処をどうするのかとと質問したことだ。これを官邸報道室が「事実誤認」としたものだ。
具体的に報道室は、次の3点を挙げている。

①「沖縄防衛局が実態把握できていない」、「適法かどうかの確認をしていない」、「発注の国が事実確認をしない」との発言について沖縄防衛局は、埋め立て工事前に埋め立て材が仕様書通りの材料であることを確認しており、また、沖縄県に対し、要請に基づき確認文書を提出しており、明らかに事実に反する。

②「琉球セメントは県の調査を拒否」の部分についても、同社は、県による立ち入り調査を受けており、これらは、明らかに事実に反する。

③「埋め立ての現場では、いま、赤土が広がっております」の部分についても、現場では埋め立て区域外の水域への汚濁防止策を講じた上で工事を行っており、あたかも現場で赤土による汚濁が広がっているかのような表現は適切ではない。

なお、上村報道室長名で出されたペーパーには、「これまでも累次にわたり、事実に基づく適格な質問を心がけるようにお願いしました」「官房長官会見はインターネットを通じて、国内外で記者の質問も官房長官の回答も閲覧可能なので、正確でない質問に起因するやりとりが行われる場合、内外の幅広い視聴者に誤った事実認識を拡散させてしまうことになりかねず、官房長官会見の意義が損なわれることを懸念いたします」「このような度重なる問題行為については、総理大臣官邸・内閣報道室として深刻なものととらえており、問題意識の共有をお願いしたい」と書かれていた。そして「もとより、本件申し入れは、官房長官会見における記者の質問の権利に何らかの条件や制限を設けること等を意図したものではありません」としている。

## 反対意見を無視して望月記者を擁護

この文書はそのまま年を越し、2月に入るまではほとんど注目されなかった。しかしこの件について書かれた記事が2月1日発売の情報誌『選択』に掲載されると、それを読んだ南委員長はすぐさま行動に移した。4日に問題のペーパーを入手し、5日にもう声明（英文も同時掲載）を公表している。

しかしこの件で新聞労連が動くことには問題があった。望月記者は中日新聞労組の組合員で、中日新聞労組は新聞労連の傘下労組ではなかったからだ。

これについて南委員長の著書『報道事変　なぜこの国では自由に質問できなくなったのか』（朝日新書）を引用しよう。

申し入れの文書が手に入った2月4日、新聞労連を支えるメンバーに「繊細な課題であることは重々承知しているが、官邸の対応に抗議する声明文を検討したい」とメールで諮ってみた。すると、東京新聞労組の委員長で、新聞労連の中央執行委員を務める宇佐見昭彦氏（東京新聞記者）が力強く背中を押してくれた。

「声明を出すことには賛成です。官邸側の出してきた文書は、特定の新聞、特定の記者への攻撃にとどまらず、すべての報道機関と、その先の読者・視聴者・市民の知る権利への挑戦である、と受け止めるべきで、攻撃対象がだれであれ、こういう事態に報道各社が一致団結して対抗できないというメディアの『分断』が激しく問われていると感じます」

南委員長の著書には賛成の意見しか書かれていないが、実は数件の反対あるいは保留の意見があったと聞く。そもそも労組は組合員のための組織であり、非組合員のためのものではないというのがその理由だが、そうした消極的な意見の背景には、望月記者のやり方を快く思わない記者が少なからずいたことがわかる。

そうした意見を無視して、南委員長は2月5日に「首相官邸の質問制限に抗議する」という声明を発表。

次のように望月記者の問題を「国民の知る権利」に拡大し、記者を「国民の代表」と位置付けた。

記者会見において様々な角度から質問をぶつけ、為政者の見解を問いただすことは、記者としての責務であり、こうした営みを通じて、国民の「知る権利」は保障されています。政府との間に圧倒的な情報量の差があるなか、**国民を代表する記者**が事実関係を一つも間違えることなく質問することは不可能で、本来は官房長官が間違いを正し、理解を求めていくべきです。官邸の意に沿わない記者を排除するような今回の申し入れは、明らかに記者の質問の権利を制限し、国民の「知る権利」を狭めるもので、決して容認することはできません。厳重に抗議します。

## 勝手に「国民の代表」を名乗るべきではない

しかしながら新聞記者を「国民の代表」と、いったいどこが定義しているのか。

再度記す。日本国憲法はその前文で「そもそも国政は、国民の厳粛な信託によるものであって、その権威は国民に由来し、その権力は国民の代表者がこれを行使し、その福利は国民がこれを享受する」と宣言し、43条1項で「両議院は、全国民を代表する選挙された議員でこれを組織する」と規定。ここで意味する「代表」とは、選挙で選ばれることで民意を忠実に反映するとともに、代表は特定の団体や個人の利益ではなく、国民全体のために行動すべきであり、そのためにふさわしい自由が認められるということになる。

そのために憲法は、国会議員に、会期中の不逮捕特権(50条)、発言・表決に対する免責特権(51条)、歳費受領権(49条)を保障している。

新聞記者がこれに該当しないのは言うまでもない。では何の代表なのか。新聞の読者を背負っているという意味での代表なのか。

ならば読者はどうやって、自分の知る権利を記者に付託しているといえるのか。付託されているのは記者個人なのか、それとも新聞社なのか。そして発行部数が多ければ多くの付託があり、少なければその付託度は小さいと評価できるのか。

「記者は国民の代表」とは東京新聞が望月記者を擁護するために官邸に述べた言葉でもある。**記者の安易でかつ高慢な特権意識が露わになった事例といえる。**

なお南委員長がここで「報道の自由」を持ち出したのは、望月記者を労組として守れないために使用した方便にすぎない。そもそも南委員長は「報道の自由」や「知る権利」を理解していないのではないか。

## 口先だけで報道の自由を語る南委員長の無知

南委員長が報道の自由の本旨を理解していないことは、6日のハフポストのインタビュー記事で明らかになった。ハフポストは内閣記者会の加盟社ではないため、記者は官房長官会見に参加できないのだが、そうした不条理について質問を受けた南委員長は、いとも軽やかに次のように述べたのだ。

**「理由は詳しく知らないのですが、ニコニコ動画は普段から出席していますね。記者会に加盟していないメディアでも、申請して認められれば、金曜午後の会見には出席することができるようです。どんどん出席して、いろいろな質問をぶつけてほしいです」**

官房長官会見は通常なら1日2回、週に10回開かれる。しかし我々フリーランスは週に一度、金曜日午後の会見しか参加できない。よってそのチャンスは大手メディアの記者の10分の1ということになるが、実際にはそれよりも小さいのだ。

既述したが、開放されている会見は「官房長官による」「定例会見」に限定される。もしこれらの条件のうちひとつでも満たさない場合、それが官邸側の都合であっても、フリーランスは参加できなくなる。そうなれば我々のチャンスは、大手メディアの記者と比較して、10分の1に及ばない。

**一方で内閣記者会の加盟社の社員であれば、政治部記者でなくても事前に手続きさえ済ませれば、官邸の会見に参加は可能だ。**たとえその記者が本業ではない副業の講演のネタとして官房長官を怒らせ、失言をとってやろうという意図を持っていたとしても、官邸に入り質問できることになる。

ハフポストのインタビューに掲載された南委員長の言葉からは、そうした不条理についての現状認識は十分あるようだ。にもかかわらず不利な立場にいるフリーランスに「どんどん出席して、いろいろな質問をぶつけてほしい」と述べるとは、いったいどういう神経なのだろうか。

果たしてこうした現実が「報道の自由」の実現といえるのか。「国民の知る権利」に資するものなのだろうか。なお南委員長はデモなどでフリーランスへの会見の開放については言及するが、実際には全く動いていない。

## 反日むきだしの韓国の労組と手を結ぶＭＩＣ

新聞労連の本来の目的は、組合員の労働条件の向上を目指すことであって、国民の代表を勝手に名乗り、一部の仲間の権益保護のために報道の自由を弄《もてあそ》ぶことではないはずだ。そしていたずらに日本や日本政府を貶めることではないはずだ。

にもかかわらず、南委員長は新聞労連が議長組合を務める日本マスコミ文化情報労組（ＭＩＣ）の議長として、反日運動の集会にメッセージを送っていたのだ。『ソウル聯合ニュース』は２０１９年９月27日、「韓国と日本のメディア労組が、安倍晋三政権の貿易規制に端を発し、極右政治家により助長された両国の対立を歴史と事実に基づく真実の報道で克服すべきだと声をそろえた」と報じた。

そして南委員長は翌28日に韓国のソウルで開かれた「第８回安倍糾弾キャンドル文化祭―日本大使館平和少女の像の前で」にビデオメッセージを送っている。

しかしこの集会は、とんでもない集会だったのだ。

集会の主催者は「歴史を歪曲し、経済を侵略し、平和を脅かす安倍政権を糾弾する市民行動」で、民主労総と正義記憶連帯や韓国ＹＭＣＡなど７００以上の団体で構成されたものだ。名前の通りの激しい反日団体で、日本が韓国に対する輸出管理を強化した翌日からソウル鍾路《チョンノ》区にある旧日本大使館前で週に一度集会を開いている。

その様子は動画で見ることができる。韓国語で書かれた「ＮＯ　ＡＢＥ」のプラカードや、日本でも反自民党系の集会などで見かける「アベ政治を許さない」のプラカードを持つ人が大勢いた。

これを見るとこの集会が単なる輸出管理強化反対の集会ではなく、反日、反安倍政権の集会であることがよくわかる。

## 親善の勲章をもらった元大使までやり玉に

会場の舞台上部に設置されたモニターには、小野寺五典《いつのり》元防衛大臣が討論番組で韓国に対する日本の貿易管理強化について述べるシーンがあった。

また文在寅政権に厳しい批判を展開する武藤正敏元在大韓民国特命全権大使の顔がアップで映された。

武藤大使は外務省語学研修も韓国で受け、40年にわたる外交官生活のうち、約半分を韓国で過ごした親韓派。離任後の2013年に韓国政府から「日本と韓国の友好増進に務め、日韓関係の発展に大きく貢献した」として修好勲章光化章を贈られている。授賞式では「韓国と最も縁が深かった外交官」としてたたえられてもいる。

そのような武藤大使がなぜ文政権批判の最右翼となったのか。

それは文大統領が口では未来志向を述べながら、実は反日を煽り、日韓両国民を対立させているという事実があるからだ。その根底には両親が朝鮮戦争時に混乱を免れるために脱した北朝鮮への憧憬がある。

そしてこれに同調する人たちが、武藤大使を批判するという構図になっているのだ。

2017年の衆議院選での日本記者クラブ主催の党首討論会で、安倍首相がこのように述べているシーンも放映された。

「徴用工問題は拉致問題ではなくて、国際法上の国と国との約束を守るのか、ということであります」

歴史的経緯からいって当然のことであるが、この集会の参加者にすれば絶対に許せない言葉なのだろう。

キャンドル文化祭は午後6時に始まり、日が暮れると蝋燭《ろうそく》に火が灯された。イ・ヨニ強制労働共同行動事務総長は「全国に高齢な強制労働被害者が800万人以上いる。彼らに代わって蝋燭を持って戦ってほしい」と訴えた。

また『朝鮮日報』『中央日報』『東亜日報』など保守系大手のメディアを批判する意見も出た。これらの保守系メディアは、日本政府による輸出管理強化に関する記事について日本サイト限定で韓国を批判するようなタイトルを付けていた。おそらくはその方がPV

（ページビュー）数を稼げたからだろう。

記事の内容は全く同じで、韓国語のサイトでは別のタイトルだったが、これを問題と見なした韓国政府は7月17日にこれらの社を名指しで批判している。

そうしたことに乗じたのだろう。キャンドル文化祭では「彼らは年に一度、天皇皇后両陛下に忠誠を誓っている。彼らは完全な親日言論だ」などという、根も葉もない主張も飛び出した。

## ダブルスタンダードで正義を騙る新聞労連

そしてこのキャンドル文化祭が行われた9月28日に、MICが韓国の全国言論労働組合と共に発表したのが「日韓両国のメディア労働者共同宣言：事実に基づいた報道で、国境を越えて平和と人権が尊重される社会を目指そう」だ。そしてこの声明は次の2つをスローガンに掲げている。

**・歴史の事実に目を背ける者に、未来は語れない。**

### ・過去の反省なしには、未来を論じることはできない。

　これらスローガンはいったい誰に対して主張しているものなのか。果たして日韓両国に対してなされているものといえるのか。

　また同声明は、「排外的な言説や偏狭なナショナリズムが幅をきかせ、市民のかけがえのない人権や、平和、友好関係が踏みにじられることがあってはならない」とするが、これは安倍政権を指しているのか。では聞くが、外国の政権を強烈に批判するキャンドル文化祭は、「排他的な言説」ではないというのか。

　新聞労連はまた9月6日に、「『嫌韓』煽り報道は止めよう」との声明を出している。これは、８月27日放映の『ゴゴスマ』（ＣＢＣ）であったコメンテーターによるヘイト発言や、『週刊ポスト』２０１９年９月13日号が「韓国なんて要らない」との巻頭特集を掲載したことがきっかけになっている。

　確かにこうした特定の国や国民を名指ししたヘイト発言はよろしくない。しかしながらこれまでなら自制されてきたこうしたヘイト行為がなぜこの時期に表に出たのか。

　もちろん日本政府が韓国への輸出規制強化を行ったため、そうした行為を許すような雰囲気が出てきたのは否めない。しかしその背景には、日韓両国が互いに譲り合ってなんとか作り上げた慰安婦合意をいとも簡単に事実上破棄し、元〝徴用工〟判決についても大法院の仕組みを変えて日本に戦時責任を負わせようとした文政権への批判がある。

それ以前にも日本は韓国に対して長年歴史的責任を背負わされてきた。そのキャンペーンを展開してきたのは朝日新聞など大手メディアであり、そういう意味で国民のメディア不信は深刻だ。

正義を主張するのはメディアの重要な役割だ。しかし「嫌韓」煽り報道を批判しながら、一方で自分は反日報道を続けるというのでは、そのダブルスタンダードぶりのどこに説得力があるというのだろうか。

## 中村哲《てつ》医師の死すら政権批判に利用

そうした傲りは大手メディアの特徴なのか。はなはだ気分の悪い事件があった。

2019年12月4日、ショッキングなニュースが飛び込んできた。イスラマバード共同電は同日、アフガン東部で襲撃事件が発生し、福岡市のNGOペシャワール会の現地代表である中村哲医師らが負傷したことを報じた。

当初は「右胸に銃弾を受けたものの意識があり、病院で治療を受けている」と伝えられた中村医師だが、間もなく死亡したことが明らかになった。アフガニスタンのガニ大統領はすぐさま声明を出し、テロによるものだと断定した。

ピースジャパンメディカルサービスの総院長として医療活動のみならず、「水があれば紛争は防止できる」と水路工事に尽力した中村医師に、ガニ大統領は名誉市民権を付与していた。そして、祖国に帰国する中村医師の棺をみずから担いでいる。

日本とアフガニスタンがそのような大きな悲しみに包まれていた時のことだ。12月7日放映の『報道特集』（TBS）でも、もちろんこの事件を報じたのだが、金平茂紀《かねひらしげのり》キャスターは中村医師の死をこのように悼《いた》んだのだ。

「武器ではなく命の水を、アフガニスタンで戦渦で苦しむ人々の支援活動を続けていた医師中村哲さんが現地で銃撃され死亡しました。悲しみは国境を越えて広がっています。**この国の愚かな為政者たちとは次元の違う誇り高い生き方を貫いた中村さんのご冥福を、心からお祈り申し上げます**」

これは一見すれば中村医師の死を悼む言葉だが、まだ中村医師の家族が遺体と対面できていなかったその時期に、なぜ「この国の愚かな為政者たち」と安倍政権批判を加えなければならないのか。

そもそも安倍首相は中村医師の死亡になんらかの関与があったというのか。テロの犠牲になった中村さんの死を悼むなら、批判すべきはテロ活動自体ではないのか。

**「政権憎し」の感情があまって、なんでもかんでも政権批判の材料にし、政権の責任にしていいのだろうか。**それは正常な判断なのか。日本の大手メディアは正邪《せいじゃ》を判断する能力さえ、失ってしまったのではないのか。

## 菅長官の〝差し紙〟を批判しながら、台本を読む矛盾

金平キャスターはこの前日6日午後の官房長官会見に参加していた。筆者が会見室でニコニコ動画の七尾功《ななおこう》氏らと話していたところ、金平キャスターは望月記者と談笑しながら入ってきた。しかし2人は離れて座った。望月記者は菅長官から見て真ん中の後ろ側の定位置だ。一方、金平キャスターは右側の席に腰を下ろした。おそらくはカメラの映り具合

の関係だろう。

この日が事実上の会期末だったせいか、官房長官会見は質問が多く、会見時間は30分を越えている。筆者は膠着《こうちゃく》する米朝関係について質問した。日本の（表向きの）北朝鮮政策はアメリカと連動している。NATO首脳会談に参加していたトランプ大統領は、12月3日に久しぶりに北朝鮮の金正恩委員長をツイッターで「ロケットマン」と呼び、武力行使についても発言。「ロケットマン」は米朝首脳会談が行われていた間は自制していた呼び名だ。それが安倍首相の「条件を付けずに金委員長に会う」というかねてから発信しているメッセージに、何らかの影響を与えるものなのかどうか。筆者はそれを質問した。

その後に七尾氏が質問し、望月記者が1問質問したところで、上村室長から「次の質問で最後にしてください」との指示が出た。

望月記者が再質問したためにそのまま会見が終わりそうだったが、実はその2度ほど前から金平キャスターが手を挙げていた。

「長官は今日の午前中ですね、会見で、『国民の声に耳を傾けたい』とおっしゃいました。最後に『桜を見る会』で再確認しておきたいのですけれども、国民の間からですね。疑問とか不満とか、憤りの声が非常に高く上がっているのはご承知の通りですね。現時点で長官は、政府がですね、国民に対して、説明責任を十分に果たしていると考えているのですか。それとももう十分に責任を果たしたんだとお考えなのでしょうか。

官邸の方が差し紙を出していますが、ご自分の声でお答えください」

この日は3度の差し紙が入った。ひとつは毎日の秋山信一記者の質問に対するものだった。カイロ支局に赴任したことのある秋山記者は、中東に関する記事をいくつも書いてきた。質問は自衛隊の中東派遣に関するもので、日本はアメリカ主導の有志連合「安全保障イニシアティブ」とは一線を画すことになっているが、どのように他の国との連携をとるのかというものだった。

日本の行動について中東諸国の注目度は高く、非常にナイーヴな問題だ。とりわけイランのロウハニ大統領は12月20日に来日し、安倍首相と会談している。

筆者の質問についても、差し紙が入った。北朝鮮政策は安倍政権にとって、最優先の政策だ。

いずれも一言でも間違えれば、大きな影響を与えるものだ。

そのような問題について、間違えてはならないので、政治家が差し紙を使うのはやむをえないと筆者は思う。だが金平キャスターのように、差し紙については批判もある。普段からきちんと問題意識を持ち、政策を勉強しているのなら、差し紙は不要だとするものだ。官僚に差し紙で助けてもらわないと話せないことは、政治家の無責任の証拠であり、政治家失格との主張だ。

「大臣会見に出席して思ったことは、大臣の資質が著しく劣化しているのでないかということ。必死に差し紙をしている国家公務員の方に申し上げたい。貴方たちはいったい誰のために仕事をしているのですか？　公務員というのは全体の奉仕者で一大臣や一政権のために働いているわけではないのですから」

しかしそのように語る金平キャスターは台本に目を落としていた。問題の本質は「官僚による差し紙」ではない。**本質を見落としてひたすら政権を批判するだけのマスコミこそが、日本の終焉《しゅうえん》の原因とはいえまいか。**

## 権力に逆らいさえすれば正義なのか

官邸の中で繰り広げられる権力対反権力の争い。それは菅義偉官房長官と東京新聞の望月衣塑子記者のバトルに象徴されるものだ。小柄な女性記者が権力の権化《ごんげ》のような官房長官に挑んでいく。その姿はいかにも勇気ある正義の味方に見えるだろう。

しかしながら、ただやみくもに権力に挑むことが正義なのか。

確かに権力は腐敗を伴うことが多い。そもそも権力は絶対に腐敗するものなのだ。だからといって単に権力に逆らうことが正義といえるのだろうか。革命によって国王夫妻の首を切り落としたフランス国民は、果たして平穏で幸せな生活を手に入れることができたのか。それからテルミドールの反乱やブリュメールのクーデターなど、さらなる困難を経てようやく平和が訪れたのではなかったか。間違った方向性で腐敗に切り込んでいけば、より悪い結果を生じかねない。それは歴史が証明済みだ。

そもそも反権力が正義と決まっているのなら、それほど楽なことはない。しかし実際は反権力が正義とは限らないし、そのような議論からは何も生まれるはずがない。

安倍政権に打撃を与えたい、そのために菅官房長官を狙うという望月記者や南記者の姿勢からは、果たして将来の展望が描けるのか。次の日本の政治が生まれるのか。哲学も展望もない反権力は、単なる壊し屋か、にぎやかしにすぎない。

## 「反権力」の旗を掲げた権威主義

正義のために権力に対峙したはずの反権力が、実は権威主義であるかもしれないことは留意しなければならない。筆者が、望月記者や南記者から感じ取り、疑念を抱くところは実はここである。南記者は民主党政権時から見てきたが、フリーランスに対する態度は冷淡だった。新聞労連に入った後も、特に望月記者の問題で擁護するようになった後も、口先だけで「フリーランスにも会見の開放を」と述べるが、付け足しのようなものだ。

もっともそのような自分の立ち位置について、南記者は権威主義ではないと言いたいようだ。前掲した著書『報道事変』で、フリーランスとの関係を次のように書いている。

しかし、組織ジャーナリズムと、フリーランス・市民との間の断絶は深刻だ。とりわけ、新聞労連が官邸の記者会見問題について声明を出してから、連日のように悩んでいるのが、フリーランスとの関係である。記者クラブの壁に阻まれ、記者会見や発表資料という公の取材機会からも排除されてきたフリーランスからは「記者クラブの身内の権利を守っているだけ」「まずは記者クラブの解体が先だ」とツイッターで指摘され続けた。記者クラブが許可したフリーランスの出席すらなかなか進まない防衛省の大臣記者会見をめぐる問題が同時進行していたことも大きかった。

おそらくは南委員長は、ＭＩＣはフリーランスにも参加可能だから、参加してほしいということなのだろうが、問題は一緒にやるかどうかではない。そもそも南委員長や望月記者とは、報道の自由に対する考え、及び取材に対する態度など、相当な隔たりを感じている。筆者はわざわざそういう人の軍門に下るつもりはないし、おそらく多くのフリーランスも同じだろう。

むしろ覚悟が聞きたいのだ。報道の自由というのは、ＭＩＣの組織に入らなくても守られて然《しか》るべきものだ。にもかかわらず、報道の自由という仮面をかぶり続けるなら、これこそ「新聞記者という欺瞞」という以外、なにものでもない。

# 第5章

# 反権力・反日勢力のアイコンになった「新聞記者」

## “左派のアイドル”が誕生した背景

なぜ望月衣塑子記者が持ち上げられているのか。政治部記者でもないのに官房長官会見に出席し、甲高い声で菅義偉長官をうんざりさせるほど長時間にわたって追及する――ただそれだけで、多数の共感者が生まれるものなのか。

確かに望月記者はキャラ立ちしている。いくら喋っても枯れることのなさそうな特徴あるその声に、佐藤ゆかり衆議院議員を彷彿《ほうふつ》とさせるその容貌。小さい時から舞台に立った経験もあるようなので、人前に出ることは嫌いではないはずだ。しかも講演では女性であるにもかかわらず、足を踏ん張り、手ぶりを交え、口をまげて麻生太郎副総理兼財務大臣など大物政治家の物真似を展開する……。

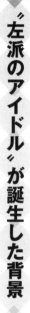

同じことを他の人間が行っても、必ずしも受けるわけではないだろう。望月記者が女性だから、望月記者のあの容貌だから、望月記者の声だから、そして官房長官会見で菅長官をイライラさせた望月記者の講演だから、聴衆は真剣に耳を傾けるのだ。

しかも官邸の官房長官会見に、望月記者はいちおうひとりで挑んでいる。菅長官が望月記者を蛇蝎《だかつ》のごとく嫌っているのは周知の通り。質問をしていると、上村秀紀官邸報道室長が「短くしてください」と何度も妨害を入れてくる。おそらくは他の政治部の記者からも嫌われているはずだ。そんな戦場にひとりで立ち向かうなんて、望月記者はなんとカッコいいことか……。

などと、思われているに違いない。すなわち存在が浮けば浮くほど、菅長官に嫌われれば嫌われるほど、上村室長に質問を遮られれば遮られるほど、望月記者に同情が寄せられ、あたかも悲劇のヒロインのごとく持ち上げられるのだ。

これはイメージ戦略の成功例といえるだろう。望月記者が記者として優秀かどうか、その主張がまっとうかどうかは関係ない。

日本には「判官贔屓」というものがあり、立場の弱い者、あるいは少数派に同情が寄せられがちだ。政治家でいえば、小泉純一郎元首相や立憲民主党を立ち上げたばかりの頃の枝野幸男代表がそれに該当するだろう。自民党内で大きなグループを率いていたわけではなかった小泉首相は、「自民党をぶっ壊す」というキャッチフレーズで、硬直していた自民党政権に飽き飽きしていた国民の支持を得た。枝野代表は2017年10月の衆議院選で立憲民主党を立ち上げ、小池百合子東京都知事が率いる希望の党から排除された仲間を受け入れた。排除した側は国民の批判を受けて、小池知事の「排除発言」でしぼんでいったが、排除された側は予想以上に健闘。55議席を得て、希望の党の50議席を上回った。

要するに日本では、合理的根拠がないのにもかかわらず、「弱者に正義がある」と見なされることが多いのだ。

その点、望月記者は「弱者」の要素をいくつも持っていたといえるだろう。女性であること、子供を抱えて働くワーキングマザーであること、そして権力側とは反対側に位置していることなどだ。

そこで左派勢力から、熱烈に受け入れられた。そもそも望月記者自身、もともとはそんなに政治カラーが強かったわけではないようだ。大学時代の同級生は「当時の彼女は（いまと違って）まともだった」と証言する。

## かつての左派アイコンといえば土井たか子

さて左派勢力が望月記者を猛烈に歓迎し、アイコンとしてまつりあげたのは、長らくアイコンになるべきヒロインが不在だったせいだろう。以前なら左派には旧社会党委員長として１９８９年のリクルート選挙（参議院選）において、改選議席数で旧社会党を第一党に躍進させ、総議席数では自民党の単独過半数を割らせた故・土井たか子がいた。「マドンナブーム」「おたかさんブーム」はその後も続き、１９９０年の衆議院選では旧社会党は54議席増の１３６議席を獲得した。

しかしそれも長続きはせず、土井氏は１９９１年の統一地方選で旧社会党が敗北した責任をとって委員長を辞任。２００３年の衆議院選では兵庫７区で落選し、比例復活でどうにか当選した。

小選挙区制度が導入されて以来、１９９６年の衆議院選でも２０００年の衆議院選でも他の候補をはるかに引き離し、得票数で10万票を割ったことのなかった土井氏だが、この時の得票数は10万票を割り、９万６４０４票に甘んじている。自民党の大前繁雄氏に１万４８１２票も及ばなかったのだ。

そして２００５年の衆議院選では兵庫７区から出馬せず、近畿ブロック比例名簿で社民党候補として名前を連ねたものの落選。引退表明はしなかったものの、それ以来、政治の表舞台から姿を消した。

土井氏の政治家としての勢いの衰えは、旧社会党の凋落《ちょうらく》に相通じるものがある。党の存亡のかかった社民党は、次の有力なアイコンを探すべく奔走《ほんそう》していた。たとえば2016年にシリアでISISに殺害された後藤健二氏の実母である石堂順子氏に注目し、参議院選への擁立を模索したが失敗している。そこに登場したのが望月記者だった。

筆者が望月記者と最初に出会ったのも、社民党が関係している。望月記者が官房長官会見に現れる前に、防衛問題に取り組んでいた望月記者に注目した社民党関係者が飲み会に連れてきたのだ。

隣り合わせの席に座ったため、望月記者と少し会話を交わしたが、その発言に政治的な色合いは感じられなかった。むしろ「政治には全く疎い」という印象が強かった。政治色の強い会合であったにもかかわらず、望月記者は誰の議論にもしつこく食い下がるということはなかった。近くの席の人とさらりと話すが、会話が続いていなかったようだ。望月記者はそれ以降その飲み会には参加しなくなった。だからすっかり名前も忘れていた。

気付いたのは、官房長官会見の会場で見かけたからだ。「あの時の飲み会で会った人だ」と初めて気付いた。しかし彼女の質問内容では驚くことはなかった。「ああ、やっぱり」という印象だった。

## 再興をかけて迷走する社民党

ポスト〝おたかさん〟を探し続けている社民党だが、実はこれまでけっこう面白い候補を選んでいる。たとえば２０１６年の参議院選で、東京都選挙区から出馬した増山麗奈《れな》氏だ。彼女は母乳アートで知られる前衛画家でジャーナリストで映画監督。さらに反戦・反原発の活動家でもある。彼女とも前記の飲み会で知り合った。

実をいえば、筆者はこういうジャンルの人たちが得意ではない。自分たちの主義にこだわり独善的で、話をしても通じないことが多いからだ。だから当初はなるべく側に寄らないようにしていた。ところが二次会に彼女が付いてきた。そして同じテーブルに座ったのだ。増山氏を連れてきた『社会新報』の田中稔副編集長（現編集長）は、「増山の知名度を上げたいので、彼女について書いてくれないか」と言ってきた。「それは無理、絶対無理」と最初は思ったのだが、増山氏は目をキラキラさせてこちらをじっと見ている。根負けして「好意的には書けませんよ」と言うと、それでもいいと言ってきた。

増山氏は選挙についてよく理解していた。実際に非常に頭が良い人だ。ある意味で頭が良すぎるため、理解されることが少ないかもしれない。筆者も彼女が展開していた「桃色ゲリラ」などのパーフォーマンスについては全く理解できないが、増山氏が2人の娘の母親として、真剣に将来の日本を憂いていることは十分に伝わってきた。

増山氏は参議院選で、9万3677票で落選。もっとも彼女を擁立する際には、党内で女性から強い反対の声が上がっていたと聞いたので、その割には健闘したのではないか。ちなみにその3年後の2019年の参議院選で社民党が擁立した、全国一般三多摩労働組合書記局長・朝倉玲子氏の得票数は8万6355票で、増山氏より7322票減らしている。党勢の凋落は止められないようだ。

## 社民党の広告塔に？

そうした経緯ゆえに、社民党にとって望月記者は最後の〝希望の星〟なのかもしれない。党の機関紙である『社会新報』は、9月11日号で2ページにわたって望月記者を特集。愛知トリエンナーレの「表現の不自由展・その後」や慰安婦問題、旧〝徴用工〟判決問題についての意見を掲載している。

「表現の自由に公権力が介入」とタイトルが銘打たれた記事では、愛知トリエンナーレ主催側に「表現の不自由展・その後」に抗議する電話やファックスが5700本も寄せられたことについて、自分にも脅迫電話がかかってきたことを挙げ、「会社から『身の危険があるので、（官房長官会見に）出ないでほしい』と止められ、しばらくは会見に出得られなくなった。今回の5700本に対し、たった2本の脅迫電話だった。私の場合よりも数千倍もの脅迫が続いたわけだから、想像を絶する大変さだったと思う」と述べた。

だがこの認識は正しいのか。

というのも、2019年9月3日に朝日新聞系の『AERA dot.』が報じたところによると、8月25日時点での問い合わせ件数は、電話・ファックス・メールを含めて約6100件にのぼる。ただしこれには抗議の意思表明以外（激励など）も含んでおり、さまざまな意見が混じっていたはずだ。望月記者が「抗議の電話・ファックスによるもの」として主張する5700通についても、全てが脅迫とは限らないはずだ。

しかも、犯罪行為である脅迫と抗議は全く別ものであり、同列に扱うこと自体が間違っている。

「報道の不自由展・その後」の展示内容の是非についてはは本書で触れないが、これについての賛否を述べる権利は誰にでもある。もちろん脅迫など犯罪行為は許されるものではないが、展示内容が自分の意見とは異なることを表明しても、誰からも批判される筋合いはない。

また慰安婦を題材にした「平和の少女像」について、望月記者は、「国家とか政治を越え、戦時性暴力において苦しめられ、声を上げられなかった人々の声を伝えようとしている」とし、韓国の元慰安婦による告発を「国家を超えて、性的な迫害や暴行を受けた女性たちのことをきちんと社会が受け止め、戦争を二度と繰り返さないために何ができるかを考えなければならない」と述べている。

それほどまでに慰安婦を普遍化するのなら、なぜ戦時の日本人女性の性被害には触れないのか。**戦争の犠牲となったのは、何も朝鮮半島の人々だけではない。**

「戦争を繰り返さないために」というフレーズをよく左派メディアは使うが、戦争を確実に防止する一般的な方法なんぞ、あるわけがない。あるのは自分の身近なところの紛争の火種を消していくことだ。

しかしながら大国が主導していた世界ですら、「冷戦」という秩序でなんとか「熱い戦争」を防いでいたのに、個々の国家や民族が権利を主張し始めると、紛争は発生しやすくなっていく。ＥＵが結成されてヨーロッパでの国家の枠組みが緩んだ時、民族紛争が激化したことを忘れてはならない。

その中で生き残ろうとするのなら、やはり自国を強化するしかないだろう。軍事国家化には反対だが、自衛のために必要な軍備は必要だ。そしてその「程度」は周辺国の状況による。

とするならば、極東で最も気をつけなければならないのは北朝鮮ということになる。そもそも北朝鮮はこれまで日本に不法侵入し、邦人を拉致してきた国家だ。不条理にも家族から引き離されいまだ解放されていない同胞が、かの国で生活している。中にはそのまま亡くなった人もいるだろう。彼らが被った被害こそ、しっかりと受け止めなくてはならないのに、望月記者は果たしてそのことに気付いているのだろうか。

## 韓国のメディアの主張を鵜呑《うの》みにする

また日韓請求権協定については、慶應義塾大学法学部で国際政治学を専攻した望月記者は「外交保護権を日韓が相互に放棄したのであって、個人の請求権を消滅させたものではない」と主張した。それは日本国政府も認めているが、日本政府は賠償金を韓国政府に支払ったため、その債務も韓国政府に移動した。よって韓国国民は韓国政府から補償を受けるべきことになるが、この点を見事に端折《はしょ》っている。

そして韓国政府はその保障金をインフラ整備に使用し、「漢江《ハンガン》の奇跡」を生み出した。望月記者は、日韓請求権協定で日本から支払われた8億円がどのように使われたのかを検証した韓国テレビ局JTBC制作の番組を引用し、1971年に着工したソウル首都圏地下鉄工事を日本の企業が受注し、建設材料を日本製に限定していたことを指摘。工事が89億円で落札されたにもかかわらず、1年後には材料費の高騰を理由に、40％も高い118億円を請求。当時の朴正熙《パク・チョンヒ》政権の政治家にその差額が渡る腐敗構造を作ったのが日韓経済協力委員会であり、そのトップだったのが安倍首相の祖父の故・岸信介元首相だと述べた。

しかし受注のきっかけは、よど号事件で韓国が日本に協力したため、日本が技術を提供すると約束したことだ。また地下鉄事業は日本のODAで行われた。さらにいえば当時は高度経済成長期で、インフレが進んでいたのが事実。同じ頃に第一石油ショックで狂乱物価が発生している。

こうした事実を踏まえないで、どうして日本政府の主張を疑い、韓国のメディアの報道を鵜呑みするのか。メディア人は偏向してはいけないのではなかったのか。さらにいえば、編集部から社民党へのメッセージを依頼され、「参院選で社民党が得票率２％の政党要件を満たして、ホッとした」と述べたことは、**中立であるべき新聞記者にあるまじき政治的な偏向ではないのか。**

なお、社会新報は相当入れ込んでいたのだろう、同記事には望月記者の写真を３枚も掲載している。

## マスコミが生み出した歪んだ社会の象徴

もっとも望月記者を生み出したのは、社民党のような左派勢力だけとは限らない。一般メディアも望月記者を世に送り出した責任がある。

まずは望月記者が所属する東京新聞だ。望月記者は政治部所属ではなく、ましてや官房長官番記者ではない。東京新聞は専属の長官番を置いており、菅長官のコメントなら長官番を通じてとることは十分可能だが、加計学園問題や伊藤詩織さん事件などを通じて、番記者がとってくる菅長官のコメントに満足しなかったのだろう。望月記者は上司の許可を得て官房長官記者会見に出席。みずからが菅長官に質問すべく手を挙げた。

望月記者のやり方は、自分が納得するまで何度でも聞き、相手から回答を引き出すというものだ。それはそれまでの政治部が作ってきた官房長官会見の気風をいきなり破ることになったが、望月記者は「これが社会部記者のやり方」と憚《はばか》らない。そして政治部記者の質問について、暗《あん》に政治家と癒着《ゆちゃく》するだけで真相に迫っていないと批判した。

しかしその理解は正しくない。社会部が扱う犯罪などは、シロかクロかの問題だ。構図も複雑なものばかりとは限らず、取材対象をどんどん突き詰めていけば、そのうち真実に当たるということも多いだろう。

## 政治の取材に不要な「対立」を持ち込むな

だが政治部が対象とする政治は、これとは違う。記者が政治家に近づくことを批判する声もあるが、取材対象として政治家に近づくこと自体は悪いことではない。身近に政治の現場を観察し、ナマの声を聞くことは、特に政局が重要な政治の分野では真相に迫る最も確実な方法といえるからだ。

要するに、社会部のやり方が「対立」とするなら（実際にはそうではないと思うが）、政治部のやり方は「駆け引き」だ。社会部はモノをもらえば勝ちかもしれないが、政治ではモノをもらっただけでは勝ちとはいえない。どういうふうにして相手がモノを渡すのか、渡した後にどのような態度を示すのか。政治とは政治家の心の綾で動くものだ。

そうした中でいかに政治家に入り込むのかが、政治記者の腕の見せ所だろう。かつては読売新聞の渡辺恒雄氏など、そうそうたる政治記者がいた。渡辺氏は衆議院議長や自民党副総裁を務めた故・大野伴睦《ばんぼく》の側近として知られ、原稿を代筆して小遣い稼ぎをしていたそうだ。

いまもそのように特定の政治家と特に親しい記者がいることはいるが、その数は少なくなったようだ。もっとも政治家の方にもその原因はある。

昔なら自宅に押し掛ける記者を招き入れ、食事をともにして深夜まで談義した。時にはそのまま泊まり込み、朝食をご馳走になって帰った記者もいたらしい。あるいは政治家の食事の準備までやっていた記者もいたそうだ。そこまでくると、書生とほぼ変わらず、政治家の方も愛着が沸いてくる。そこで身近な記者にふと本音をもらす政治家も少なくなかっただろう。

しかしいまでは個人の生活を守ろうとする政治家が増えた。仕事は仕事として外で行い、自宅にそれを持ち込みたくないということだ。また2007年に建て替えられた衆議院赤坂宿舎などのセキュリティが厳しく、記者が安易に「夜討ち朝駆け」ができなくなったことも、かつてほど特定の政治家に密着した記者がいなくなった原因だろう。

以前のように政治家にアクセスできなくなったが、それでも政治に対する取材方法が大きく変わったわけではない。限られた環境の中でどれだけ言質《げんち》をとるか、政治家の本音に迫る材料を集められるかで、政治部記者の力量が試される。やみくもに政治家と対立すれば、その道を閉ざしてしまいかねない。恫喝では政治家は動かないのだ。

## サーカスを求めた大衆に受けただけ

近年はテレビや新聞を見る人が減り、書籍の販売数もがた落ちしている。人々は活字を読まなくなったが、短くわかりやすく発信するネットニュースや動画ニュースは好評だ。

しかしそうしたニュースは、必ずしも事実である保証はない。クオリティも様々だ。そしてセンセーショナルであればあるほど、大衆は好きとか嫌いとかは別として、それに飛びつきがちだ。望月記者の登場はまさに、そうした大衆が求める要素を持っていた。

まずはキンキンと突き刺さるように、菅長官を口撃するあの甲高い声だ。そしておよそ周囲を一切気にとめないという神経の太さを感じさせるところ。

もちろん望月記者だけではダメで、菅長官という権力側の存在が必要だ。２人の対立構造はあたかもプロレスのように、人々に捉えられている。

小柄な女性が巨大な権力に挑むという構図は、判官贔屓が好きな国民性に訴えかける。また保守層にとって望月記者は、嫌悪感の混じった好奇心の対象となりえるものだ。人は嫌いだから避けるというものではない。嫌いゆえに気になり、注目してしまうというのは多いにありうる。

しかも望月記者はやわな存在ではない。「影の総理」と言われたこともある官房長官に遠慮なく切り込んでいく。そして菅長官も、望月記者の質問に対し、露骨に嫌な顔をする。これが安倍政権に批判的な層に受けるのだ。

すなわち２人の闘いは、菅長官が勝っても望月記者が勝っても、それぞれ一定以上の「支持層」がある。だからこそ、望月記者の登場が話題になったのだ。これは活字メディアの時代にはありえなかったことだ。

活字メディアの時代には、こうした動きが報じられることは少なかった。しかし現在ではネットによってそうした状況をナマで見ることができる。これまでのようにオーソライズされたものによって峻別《しゅんべつ》されることがないからだ。

しかも権力vs.反権力という対立構造は極めてわかりやすい。これこそ大衆が望月記者を浮かび上がらせた所以《ゆえん》だろう。

## 安倍政権の責任は何より重い

そして何より政治に責任がある。望月記者を浮かび上がらせる政治を安倍政権自身が作っているからだ。

２０１２年12月に発足した第２次安倍政権は、８年目に入っている。２０１９年11月20日以降から、歴代首相の通算在職日数で憲政史上最長を記録し続けている。

当初こそ、民主党政権に懲りた国民の支持を得て、アベノミクスの経済効果も一定の効果を上げたが、以降は目立った成果を上げていない。有効求人倍率が全都道府県で１を上回ったり、失業率が低水準になったりしたのは、景気が良くなったというよりも、人手不足が原因だ。

とりわけ深刻なのは、世界の中で日本の地位がどんどん沈んでいることだろう。購買力平価GDPで比較すれば、それは明らかだ。ここ30年間を比較した場合、世界のGDPは3倍ほどに成長しているが、日本のGDPの成長は2倍に満たない。

しかしそれでも安倍政権が安泰なのは、国民が内にこもって外を見なくなったことと、他に選択肢がないためだ。民主党政権時の悪夢は国民に根強く残ってしまった。そして野党のいずれも政権を委ねるに適していない。

こうして安倍政権が続いているが、大きなひずみが生じている。それが森友学園問題や加計学園問題、そして「桜を見る会」問題といったスキャンダルだ。

## 私物化された政治

森友学園問題は「安倍晋三記念小学校（実際は安倍首相が辞退して、『瑞穂の國記念小學院』とされた）」の建設予定地を巡る国有地払い下げ問題。本来なら大阪のローカルな問題として全国に報道されるものではなかったが、問題を大きくしたのは、昭恵夫人の関与だった。

学校法人森友学園の籠池泰典元理事長は、昭恵夫人を名誉学校長に祭り上げ、その名前を利用して有利に建設用地の払い下げを受けようとした。昭恵夫人も、安倍首相が体調不良のため2007年に首相の座を降りざるを得なかった時、サポートしてくれた籠池夫妻を無下《むげ》にできなかったのだろう。また小学校の名誉校長という肩書に惹かれたのかもしれない。加計学園が経営する認可外保育園『御影インターナショナルこども園』の名誉園長にも昭恵夫人は就任していた。

そのような昭恵夫人には、一時は5人もの〝公設秘書〟がつけられていた。3人まで公設秘書を雇うことが認められている一般の国会議員よりもはるかに厚遇だ。なお歴代総理夫人には、外遊の際に外務省からレクチャーのために職員が付くことはあっても、公的な専属秘書はいなかった。菅直人元首相の伸子夫人も活動的なことで知られていたが、菅事務所に自費で施設秘書を置き、スケジュールなどを担当させて、公設の専属秘書は持たなかった。

それほどの待遇を与えながら、政府は2017年3月14日に、昭恵夫人を「私人」と閣議決定した。理由は「公人とは公職にある者を指す」からだというが、それなら総理夫人という役割も立派な公職だ。ただし5人も〝公設秘書〟を付けなければならなかったかどうかは、別の議論だ。実際には昭恵夫人の仕事をサポートしてもらうというよりも、行動を監視させたかったのではなかったか。

そうした事実を隠そうとしたがゆえに、森友学園問題は公文書の毀棄《きき》などを生み出し、解決に尾を引いたとはいえないだろうか。2017年2月17日の衆議院予算委員会では希望の党の福島伸亨《のぶゆき》議員(当時)の追及に対し、安倍首相は「私や妻が関係していたということになれば、まさに私は、それはもう間違いなく総理大臣も国会議員も辞めるということをはっきりと申し上げておきたい」と発言。これが問題をさらに大きくした。

また当初は安倍首相夫妻の威光を利用しようとした籠池夫妻は、思惑がはずれて昭恵夫人から見捨てられたため、反安倍側に寝返った。2017年7月には夫婦共々逮捕され、300日も留置所に勾留された。保釈後はアンチ安倍の急先鋒として活動し、無実を訴えている。

## 加計学園問題の疑惑は消えていない

「李下《りか》に冠《かんむり》を正さず」という言葉がある。たとえ悪いことをしていなくても、周囲から疑われるようなことはするなという意味だ。特に権限を持つ者は、その疑いを抱かれないように気をつけなければならない。

加計学園問題は森友学園問題以上に根が深い問題だ。安倍首相と森友学園の籠池元理事長との関係は、昭恵夫人が絡んでいるものの、いわば籠池氏の片思いのようなもの。これに対して学校法人加計学園の加計孝太郎理事長は、安倍首相が南カリフォルニア大学留学時からの関係。いわば刎頸《ふんけい》の友ともいえる。安倍首相の側近たちを交えたパーティーにも、加計氏は参加していた。安倍首相と加計氏らがクリスマスを楽しむ様子を、昭恵夫人が「男たちの悪だくみ」とタイトルを付けて、フェイスブックで公表している。

それでも加計学園が愛媛県今治市に新設予定の獣医学部が誰もが認める内容であったなら、問題はなかった。しかし鳥インフルエンザや結核菌など、人間が感染すれば重篤《じゅうとく》化しかねない病原菌を扱うバイオセーフティーレベル3以上の研究施設を造るはずが、世界保健機関（WHO）の基準を満たさないなどの問題が発覚した。

## 「桜を見る会」は早期に解決できた問題だった

「桜を見る会」問題もそうだ。1938年まで天皇陛下主催で開かれていた「観桜会」を参考にして、1952年に吉田茂元首相が始めた当初は、参加者の数は外交使節団など1000名程度だったという。当時の写真を見ると、テーブルを囲んで外国人らと歓談している吉田首相の姿がある。彼らの背後には接待役と思われる女性たちが立っているので、実際の招待客の数は800名程度だったのかもしれない。

それなのに、2019年の「桜を見る会」では、郵送された招待状は1万5400通、参加者の数は1万8000人以上にも膨らんだ。

しかも安倍首相の後援会から、840名も参加している。彼らは開園時間前に会場に入って安倍首相らと写真撮影できるという〝特典〟付きだ。

ホテルニューオータニで開かれた前夜祭も、問題になった。野党は「参加費5000円では安すぎる。利益供与ではないのか」と批判。安倍総理は「参加者からホテルへの直接払いで、事務所は関与していない」と逃げている。

しかしそれでは矛盾が出てくる。実際に週刊文春は2019年11月28日発売号で、自由民主党山口県第4総支部から地元旅行社に89万円が支払われた領収書の存在を報道。2015年4月17日から18日までの旅費とされており、この年の「桜を見る会」に参加するスタッフのためである可能性が高い。しかし安倍後援会代表を務める公設第一秘書の配《はい》川《かわ》博之氏は、文春の質問に激高して答えなかった。

しかし問題はこれで終わらない。

## なぜ早急にシュレッダーにかけられたのか

「桜を見る会」は各省庁や与党などから集めた推薦者リストをとりまとめ、招待客名簿を作成する。その名簿が早々に破棄された。しかも「桜を見る会」問題について、当初から追及していた共産党の宮本徹衆議院議員が資料要求した当日に、名簿はシュレッダーで裁断されたのだ。

そもそも推薦名簿は、総務省や国交省は10年間保存。法務省も6年間保存している。なぜ内閣府だけ保存期間が「1年未満」なのか。しかも今年の「桜を見る会」は4月13日に開催されているが、名簿を破棄するためにシュレッダーを予約したのは4月22日。なぜそんなに急ぐのかという点について合理的な説明がない。

もちろんデータで残していれば問題ないが、データも消して復元不可だという。理由は「個人情報の保護」というが、その程度のデータを保護できないのなら、政府が推奨するマイナンバーの情報保護は怪しくなってしまうのではないか。

そうした後手後手《ごてごて》の対応に国民はウンザリしている。その反応が内閣支持率の低下だ。

## 支持率の低下と政府への不信

共同通信の2019年11月の世論調査では、内閣支持率は48・7％で、不支持率は38・1％。支持率は4・3ポイント下落し、不支持率は3・8ポイント上昇した。時事通信の12月の調査では、支持率は前月から7・9ポイント減の40・6％で、不支持率は5・9ポイント増の35・3％。下落幅は森友事件での財務省決裁文書改ざん問題が国会で取り上げられていた時以来の大きさだ。

朝日新聞による12月調査では、支持率が38％に対して不支持率が42％と逆転。ＦＮＮ・産経新聞が12月に行った共同調査では、不支持率が９か月ぶりに40％を超えていた。

「桜を見る会」についての国民の不満も大きい。朝日新聞の世論調査では「安倍首相の説明は十分ではない」が74％、自民党支持層でさえも67％に上った。名簿を廃棄・復元不可能という対応については、「納得できない」がやはり76％も占めている。

産経新聞とＦＮＮの共同調査でも、安倍首相の説明に「納得できない」が74・９％を占めている。

国民の不満が頂点に達している。いずれの問題も、ロッキード事件やリクルート事件のように、特定の議員の懐に巨額の資金が入ったわけではないにもかかわらず、国民全体に不信がくすぶっている。政権に近いというだけで厚遇されるという事実に「不公平感」が漂っているのだ。こうした政権への不信感の高まりもまた、望月記者のような存在を浮かび上がらせる原因となっている。

加計学園問題について菅義偉官房長官に質問しようと官邸に挑んだ望月記者だが、いまでは官邸の会見場をフィールドとするに至った。政府が関与しない事項についても長官を責め立てるように質問し、その反応を講演のネタにしている。

それは果たして民主主義の正常な姿なのか。望月記者の浮上を許した土壌も、そしてそんな望月記者を持ち上げる風潮も、とてもまともな民主主義国家のものとは思えない。こうしてまやかしの報道によって日本の民主主義は殺されていくのか。このような茶番をいつまでも繰り返してはならない。

# おわりに　～国民の知る権利に資するメディアであるために

本書執筆が最終段階に入った時、嬉しい一報が届いた。
2019年4月に発刊した前著、『「記者会見」の現場で見た永田町の懲りない人々』（青林堂）が「咢堂《がくどう》ブックオブイヤー2019」のメディア賞を受賞したのだ。同賞は「憲政の神様」と言われる尾崎行雄記念財団が2014年に制定し、憲政や国政、地方自治や選挙に関する書籍を顕彰するものだ。今回の受賞にあたって選考者から、次のような講評をいただいた。

報道の自由という普遍的なテーマを考える上で貴重な一石を投じた点が高く評価されました。巻末で著者が綴《つづ》った静かな怒りは、尾崎行雄が主張し続けた「誰が正しいかでなく、何が正しいか」にも通じるとの意見が寄せられました。

前著の巻末に筆者は、「真実は現場にあるという鉄則の通り、会見もその現場に真実があり、その真実を知ってもらうために本書を記した」としたためた。真実を伝えることこそ正義であり、それが歪められることがあってはならないと思ったからだ。その想いは本書を執筆するに際しても、忘れたつもりはない。

しかし政治の世界では、イデオロギーがそれを邪魔することがしばしば起こる。〝作られた正義〟によって人々は騙され、特定の思想へと誘導される。「反権力」の怖さは、ただ「反権力である」それのみで、正当性を装うことができるからに他ならない。

さらに怖いのは、「反権力」という点だけでもって同調する人々だ。彼らは、彼らが主張する「権力の被害者」であることにとどまらず、国民の知る権利を阻害《そがい》する「加害者」化していく危険性を孕んでいる。

官邸報道室が、東京新聞の望月衣塑子記者に対して出した「注意文書」について、多数の〝学識経験者〟や〝法律家〟が反応した。2019年2月19日に参議院議員会館内で集会が開かれ、「官邸による取材・報道の自由侵害に抗議する緊急声明」が採択されている。

この集会の呼びかけ人である梓澤《あずさわ》和幸弁護士は、感極まった様子で次のように話している。

2月15日、わずか4日前に「これはまずい、ほっとけない」ということで賛同者を、学識経験者、法律家などに呼びかけて、「至急集《つど》おう、そして緊急声明を出そう」ということで、この取り組みが始まりました。それに対応して4日間で、346名の学識経験者、法律家、ジャーナリスト、作家、評論家などの表現者が声をそろえたのが、これから紹介いたします緊急声明であります。いま申し上げたように、わずか4日間で346名というのは異例の広がりと考えます」

確かに異例の広がりであり、この声明に賛同した346人は、いずれも法律の知識を有し、法が何であるかを知っている人たちなのだろう。

しかし、果たして彼らはたった4日間で、官邸内の官房長官会見で交わされた菅義偉官房長官と望月記者とのやりとりの全てを把握できたのだろうか。その背景も含めて判断したのだろうか。そこまでに至らなかったのであれば、その正当性について、いささかの疑念も抱くことはなかったのだろうか。

もし、ただ「反権力」ということのみに反応したのであるのなら、彼らが人生をかけて得てきた深い知識、築いてきた高い見識というものは、いったい何だったのか。筆者は疑問を感じざるを得ない。

確かに権力には危険な部分がある。得て勝手な運用をすれば、とんでもない不公平を世の中に生み出していく。私腹を肥やし、側近に特権を与え、社会全体を歪めかねない。こうした不公平が蔓延る社会は、決して健全なものとはいえない。

だからといって、ただ「反権力」でいることのみが正しいのか。目の前にある不公平について、「反権力」が声を上げ、是正しているように見えることもあるだろう。しかし、それに「脊髄《せきずい》反射」するのは危険だ。果たしてその「反権力」の先に、自分が納得できる正義は存在するのか、それともその「反権力」は、権力の足を引っ張ることだけを目的としているのか。果たして彼らにその見極めができているのか。

そもそも報道は、権力に対して懐疑的なスタンスをとるべきだ。しかし、常に反権力であるべきとは限らない。ジャーナリストが政治家に質問する際には、事実について確認し、そこに矛盾があればそれを突くことが職務である。それを越えて何らかの行為を求めるのは、むしろ市民活動家の役割であり、ジャーナリズムではない。

さらに言えば、時間に制約がある長官会見で、自分にとって納得できる回答を得ようと質問を続けることは、他の記者の活動の妨《さまた》げになりかねない。そのような質問をしたいのなら、個別に取材を依頼すべきだ。もっとも個別取材は公的に配信されない。目立たない活動は行わないということか。

さて、全ての原稿を書き終えた後、「報道と真実」についてさらに深く考えるのに適した、興味深い「材料」が出てきた。

事のきっかけは12月24日の『沖縄タイムス』だった。1面と2面に、「首相補佐官、便宜打診か」「Jパワーに着陸帯助力見返り」というタイトルで衝撃的な記事を報じた。その内容は、2016年9月14日、和泉洋人総理補佐官が電源開発株式会社（Jパワー）に対して、「海外案件は何でも協力しますから」と〝見返り〟を付けて、沖縄県国頭郡東村高江区《くにがみぐんひがしそんたかえ》周辺の米軍ヘリパット建設に協力するようもちかけたとする「内部告発メモ」についてだ。

沖縄タイムス編集委員・阿部岳《たけし》記者の署名記事で、まさに一大スクープだった。『Yahoo! JAPANニュース』のトップ記事として取り上げられ、筆者も読んだ時には戦慄《せんりつ》が走った。

この「高江ヘリパッド問題」とは、沖縄県国頭郡にあるアメリカ海兵隊の「ジャングル戦争訓練センター」の7543ヘクタールのうち、4010ヘクタールを日本に返還する代わりに、ヘリコプター着陸帯を移設させるという問題だ。2007年7月に着工以来、座り込みテントなど激しい反対運動が続いた。工事が行われた「やんばるの森」は、ノグチゲラやヤンバルクイナなど多くの固有種・希少種の棲息地《せいそく》で、保存の必要が叫ばれていた。

記事によると、Jパワーは2016年7月まで建設現場の隣接地で「沖縄やんばる海水揚水発電所」を運営していたが、その施設は沖縄防衛局が設置したフェンスで囲まれていて、反対運動の抗議活動が及ばなかった。そこで和泉補佐官はJパワーの北村雅良会長を官邸に呼び出し、発電所内の建造物を工事のために使わせるように依頼したという。

そして同24日の官房長官会見で、沖縄タイムスがこれについて質問したが、ここから先の展開が奇妙だった。

**記者**「沖縄タイムスです。沖縄の関係で伺います。2016年に地元で反対運動があった、沖縄県東村の米軍ヘリパッド建設をめぐって、和泉補佐官が電源開発に同社の設備使用など協力を求め、同時に『海外案件は何でも協力します』と持ち掛けた内部メモが見つかりましたが、事実関係をお願いします」

**長官**「まず報道にありますメモについては承知しておりませんので、コメントは差し控えたいと思います。その上で、北部訓練場のヘリパッド移設工事にあたっては、電源開発株式会社の一部土地の使用などを含め、関係機関から必要な協力を得た上で適切に工事を実施してきたと認識しております。その結果として平成28(2016)年12月にその移設が完了したことから、北部訓練場の約4000ヘクタール、全体の過半の返還が実現をしたと、このように思っています。詳細については、防衛省にお尋ねをいただきたいと思います」

続いて沖縄タイムス記者が再質問しようとしたが、ここで会見が打ち切られた。沖縄タイムスの記者はまだ手を挙げて質問を続けようとしたが、上村秀紀報道室長が「ありがとうございました」と打ち切った。もっとも沖縄タイムス記者の質問の前に「この後に日程があるので、次の質問を最後にしてほしい」と通知はしていた。

しかし菅長官は沖縄タイムス記者を指名するジェスチャーをしており、質問を受けるつもりのようにも見えた。上村室長の打ち切り宣言の後、菅長官が記者に向かって取り消すように右手を挙げた。幹事社の東京新聞記者が「まだいいですか」と発言。長官が上村室長の方を見て、「終わったんでしょう」と述べ、上村室長が再度、「ありがとうございました」と終了宣告。ちぐはぐな印象を残して会見は終了した。

その後、翌25日、26日とも他のメディアによる追随《ついずい》報道はなく、官房長官会見でこの件を質問する記者もいなかった。にもかかわらず、東京新聞は27日に、望月衣塑子記者の署名記事として1面で報道。「首相補佐官が便宜供与」、「高江へリパッド協力拒否覆す」、「Jパワーに『海外案件　協力』」といった大見出しが躍《おど》った。

これについて元読売新聞記者の新田哲史《にったてつじ》氏は、自身が編集長を務める『アゴラ』に、「望月衣塑子記者、沖縄タイムスからパクった〝偽装スクープ〟で波紋」という記事を掲載し、「先行報道を軽んじる風習」を批判した。

確かに第一報を伝えた沖縄タイムスの記事と、東京新聞の記事はほぼ同じ内容だった。Jパワーからの回答内容や、和泉補佐官の反応の様子は微妙に異なり、また新たに地元の反対住民の意見が加えられているため、一見〝独自取材〟のようだが、比較しながら読み込むと、全体の構成が沖縄タイムス・阿部記者の記事の枠内にあるのがわかる。

〝パクられた〟沖縄タイムスは腹を立てているだろうと思ったが、そうではなかった。沖縄タイムスの阿部記者は、12月27日にツイッターで、《和泉首相補佐官がJパワーに高江ヘリパッド建設への助力を求め、見返りに便宜供与を打診していた疑惑を、東京新聞の望月衣塑子記者が追及。防衛省の担当者も「米国との合意に基づき期限内に建設を終える必要があった。補佐官には現場の状況を含めて報告していた」と認めた》と拡散している。

この奇妙な展開の背景には、記事の内容を広めたい沖縄タイムスが、東京新聞やその他のメディアに「内部告発メモ」を渡したという事情がある。

それを受けて、『東京新聞』と『しんぶん赤旗』は報道したが、その他のメディアは「すでに沖縄タイムスが報じた内容では独自性がない」として報道しなかったのだ。

その一方で、沖縄タイムスと同じく沖縄県の地元紙で、ライバル関係にある『琉球新報』には内部告発メモが渡ることはなく、報道で遅れをとった。そこでメモの事実を裏付ける「和泉補佐官の斡旋事案」の有無についての独自取材を試みたが、その事実は掴めなかったらしい。だが、このメモの存在は非常に重要という上層部の判断で、報道に踏み切ったという。

このような重要なスクープであるにもかかわらず、その後、各メディアによって事実が深く掘り下げられることもなく、ただそのまま共有されるのみ。この〝なれ合い〟のような一連の流れに、筆者は釈然としないものを感じたのだ。

「第3章」でも触れた映画『ペンタゴン・ペーパーズ／最高機密文書』の下敷きとなった実話も、この事案に少し似ている。まず『ニューヨークタイムス』が政府のこれまでの発表を覆すベトナム戦争についての極秘文書（ペンタゴン・ペーパーズ）の内容を報道する。ニクソン政権がその発行を差し止めると、同じ文書を入手したライバル紙『ワシントンポスト』が報じる。

しかし、これは両メディアが協力しあったわけではない。もちろん、〝なれ合い〟の関係でもない。ジャーナリスト倫理に基づいて〝犯罪ギリギリ〟の手を使ってでもライバル紙に勝とうとした結果だった。

「外国を見習え」とか「映画を参考にしろ」などと言うつもりは全くないが、メディア人ならば、協力し合うよりまず独立性をモットーとし、他よりもさらに真実に近づく報道を目指すのが当然ではないか。

「安倍政権を守れ」と言っているわけではない。そもそも政権を守る必要などないし、安倍政権とていずれ必ず他の政権に取って代わられる日が来る。それが民主主義の原則だ。

その原則を守るために、国民の知る権利に資する情報を提供していくのがメディアの仕事だ。だが報道する側のエゴで国民の知る権利が歪められるようになっているのなら、もうメディアは存在する意義さえない。

最後に、本書の帯に素晴らしい推薦文を寄せていただいた小林節《せつ》慶應義塾大学名誉教授と、『野党共闘（泣）。』、『〝小池〟にはまって、さあ大変！』に続いて3冊目の執筆の機会を与えていただき、遅れがちの原稿が書き上がるのを温かい目で見守っていただいたワニブックス編集部に心から感謝したい。

2020年1月　兵庫県の実家で新年を迎えて　安積明子

## 安積 明子（あづみ・あきこ）

兵庫県生まれ。慶應義塾大学経済学部卒。平成6年国会議員政策担当秘書資格試験合格。参議院議員の政策担当秘書として勤務の後、執筆活動を開始。夕刊フジ、Yahoo!など多くの媒体で精力的に記事を執筆している。また昨今はテレビ・ラジオ出演など、ジャーナリストとしての活動の幅を広げている。著書に『野党共闘(泣)。～学習しない民進党に待ち受ける真っ暗な未来』(小社刊)、一般財団法人尾崎行雄記念財団が選定する「咢堂ブックオブザイヤー2019」のメディア部門で大賞を受賞した『「記者会見」の現場で見た永田町の懲りない人々』(青林堂)などがある。毎日新聞・姫路播磨版の連載「安積明子のはりま人交遊録」も好評を博している。

# 「新聞記者」という欺《ぎ》瞞《まん》

## 「国民の代表」発言の意味をあらためて問う

著　者　安積明子

2020年2月1日　初版発行

装　丁　紙のソムリエ
写　真　芹澤裕介
校　正　大熊真一（編集室ロスタイム）
編　集　岩尾雅彦（ワニブックス）

発行者　横内正昭
編集人　岩尾雅彦
発行所　株式会社 ワニブックス
〒150-8482
東京都渋谷区恵比寿4-4-9 えびす大黒ビル
電話　03-5449-2711(代表)
　　　03-5449-2716(編集部)
ワニブックスHP　http://www.wani.co.jp/
WANI BOOKOUT　http://www.wanibookout.com/

印刷所　大日本印刷株式会社
DTP　紙のソムリエ
製本所　ナショナル製本


ISBN 978-4-8470-9883-3